企业环境法律风险防范图解手册

曹晓凡 / 编著

中国环境出版集团 · 北京

图书在版编目（CIP）数据

企业环境法律风险防范图解手册 / 曹晓凡编著. -- 北京 : 中国环境出版集团, 2021.6

ISBN 978-7-5111-4445-4

Ⅰ. ①企… Ⅱ. ①曹… Ⅲ. ①企业环境管理－环境保护法－研究－中国 Ⅳ. ①D922.683.4

中国版本图书馆CIP数据核字(2020)第180017号

出 版 人　武德凯
策划编辑　季苏园
责任编辑　孙　莉
责任校对　任　丽
封面设计　岳　帅

出版发行　中国环境出版集团
（100062　北京市东城区广渠路内大街 16 号）
网　址：http://www.cesp.cn
电子邮箱：bjgl@cesp.com.cn
联系电话：010-67112765（编辑管理部）
发行热线：010-67125803,010-67113405（传真）
印　　刷　北京中科印刷有限公司
经　　销　各地新华书店
版　　次　2021 年 6 月第 1 版
印　　次　2021 年 6 月第 1 次印刷
开　　本　880×1230　1/32
印　　张　6.25
字　　数　100 千字
定　　价　40.00 元

前言

Foreword

十三届全国人民代表大会、常务委员会第四次会议于 2018 年 7 月 10 日表决通过了《全国人大常委会关于全面加强生态环境保护依法推动打好污染防治攻坚战的决议》。决议指出，生态文明建设关系中华民族永续发展，关系亿万中国人民的福祉。要坚持以习近平新时代中国特色社会主义思想特别是习近平生态文明思想为指引，坚持党对生态文明建设的领导，建立健全最严格最严密的生态环境保护法律制度，大力推动生态环境保护法律制度全面有效实施，广泛动员人民群众积极参与生态环境保护工作，打好污染防治攻坚战，为全面建成小康社会、全面建设富强民主文明和谐美丽的社会主义现代化强国而努力奋斗。

制度的生命在于执行，法律的权威在于实施。《全国人大常委会关于全面加强生态环境保护依法推动打好污染防治攻坚战的决议》强调："要依法推动企业主动承担全面履行保护环境、防治污染的主体责任，落实污染者必须依法承担责任的原则，加强环境执法监管，加快建立健全生态环境保护行政执法和刑事司法衔接机制，充分发挥监察司法机关职能作用，完善生态环境保护领域民事、行政公益诉讼制度，依法严惩重罚生态环境违法犯罪行为。要坚持有法必依、执法必严、违法必究，让法律成为刚性约束和不可触碰的高压线。"生态环境监管越来越严，企业环境法律风险越来越大。在此情况下，企业环境法律风险防范已经成为企业必须考虑、认真应对、全面防范的主要工作之一，必须引起企业的高度重视。

2019年4月，由原环境保护部环境监察局首任局长、核安全总工程师陆新元同志主审，本人担任主编，一线环境执法人员、著名环境律师、企业环境管理人员等多方面的权威学者、实务人员参加编写的《企业生态环境守法实务》一书由中国民主法制出版社出版发行。该书出版后，很多读者希望能再出版一本精简版，方便企业了解守法要点，对重大环境法律风险点进行防范。为了满足企业需求，编写了这本可操作性和简洁性兼顾的《企业环境法律风险防范图解手册》。环境法律风险客观存在，与每个企业的经营管理息息相关。随着我国生态环境法律体系的不断完善，企业环境法律风险的重要性和复杂性不断增大。希望本书的出版发行能为广大企业的健康发展保驾护航，依法推动企业主动承担全面履行保护环境、防治污染的主体责任。

曹晓凡

2021年6月21日于北戴河

目　录

Contents

PART 1

第一章

需要遵守的环境法律法规

知多少?

从目前环境法律风险现状来看，企业产生风险的原因主要有两个方面：一是法律要求的提高、执法的严格及人们的普遍重视和监督能力的增强；二是企业管理不规范，与相关要求不适应。这两者间的矛盾必然会导致风险、增加风险。

企业环境法律风险防范的核心是“知行合一”。这里的“知”是指知道风险，掌握相关要求，了解风险产生的原因，这既是防范的基础，也是重视防范、组织防范的前提；“行”是指防范的具体行动，这不仅需要领导提高重视程度，也需相关人员提高防范意识，同时还需要方法和技巧；“合一”是将其有机结合，从而全面系统地进行组织和安排，保证防范效果的活动。只有思想重视，方法得当，并采取了合理的技巧，才能实现有效、高效的防范，才能保证企业健康有序发展。

一、《宪法》

《宪法》是中华人民共和国的根本大法，其规定拥有最高法律效力。《宪法》关于环境保护的规定是所有环境立法的基础，是制定环境法律、行政法规、地方性法规和行政规章的立法依据。2018 年 3 月 11 日，第十三届全国人民代表大会人大一次会议第三次全体会议表决通过了《中华人民共和国宪法修正案》，将生态文明历史性地写入《宪法》。《宪法》有了关于生态文明的思想阐述和原则性规定后，就可以发挥总览全局的规范作用，我国的基本法律和其他法律、行政法规和规章、地方法规和规章、自治条例和单行条例等，就能全面地、系统地、持续地贯彻和发展生态文明思想，使生态文明建设真正从法律上进入“五位一体”的总体布局，真正使生态文明建设法治化。

二、法律

一般认为，《环境保护法》属于我国的环境保护基本法，其在环境法体系中是除《宪法》之外占有核心地位的一种综合性的实体法，是其他单行环境法律法规的立法依据。历经四次审议，新修订的《环境保护法》由第十二届全国人大常委会第八次会议于2014年4月24日审议通过。新修订的《环境保护法》定位合理，是定位在环境领域的基础性法律。近年来环保领域的一些主要理念和指导精神，如生态文明、可持续发展、保护优先等，新法中都有所体现。一些新的制度，如生态保护红线、环境健康风险评估、生态补偿等，新法都作了明确规定。现有的一些老制度，如环评、区域限批等，也进行了调整完善。新修订的《环境保护法》增设了按日计罚、治安拘留等措施，规定了环境公益诉讼，赋予环保部门查封扣押权，明确了环境监察机构的法律地位。此次修法已最大限度凝聚了各方共识，是现阶段最有力度的一部环保法，也为未来统一协调大环保“基本法”奠定了良好基础。

环境保护的单行法律是《宪法》和《环境保护法》的具体化，一般都规定得比较详细。这些单行法律数量众多，占有重要地位，详见表1-1。

表 1-1 主要生态环境及相关法律名录

序号	名称	生效日期	制定、修正、修订情况
1	中华人民共和国环境保护法	2015 年 1 月 1 日	1989 年 12 月 26 日第七届全国人民代表大会常务委员会第十一次会议通过，2014 年 4 月 24 日第十二届全国人民代表大会常务委员会第八次会议修订
2	中华人民共和国大气污染防治法	2016 年 1 月 1 日	1987 年 9 月 5 日第六届全国人民代表大会常务委员会第二十二次会议通过，根据 1995 年 8 月 29 日第八届全国人民代表大会常务委员会第十五次会议《关于修改〈中华人民共和国大气污染防治法〉的决定》第一次修正，2000 年 4 月 29 日第九届全国人民代表大会常务委员会第十五次会议第一次修订，2015 年 8 月 29 日第十二届全国人民代表大会常务委员会第十六次会议第二次修订，根据 2018 年 10 月 26 日第十三届全国人民代表大会常务委员会第六次会议《关于修改〈中华人民共和国野生动物保护法〉等十五部法律的决定》第二次修正
3	中华人民共和国水污染防治法	2008 年 6 月 1 日	1984 年 5 月 11 日第六届全国人民代表大会常务委员会第五次会议通过，根据 1996 年 5 月 15 日第八届全国人民代表大会常务委员会第十九次会议《关于修改〈中华人民共和国水污染防治法〉的决定》第一次修正，2008 年 2 月 28 日第十届全国人民代表大会常务委员会第三十二次会议修订，根据 2017 年 6 月 27 日第十二届全国人民代表大会常务委员会第二十八次会议《关于修改〈中华人民共和国水污染防治法〉的决定》第二次修正
4	中华人民共和国环境影响评价法	2003 年 9 月 1 日	2002 年 10 月 28 日第九届全国人民代表大会常务委员会第三十次会议通过，根据 2016 年 7 月 2 日第十二届全国人民代表大会常务委员会第二十一次会议《关于修改〈中华人民共和国节约能源法〉等六部法律的决定》第一次修正，根据 2018 年 12 月 29 日第十三届全国人民代表大会常务委员会第七次会议《关于修改〈中华人民共和国劳动法〉等七部法律的决定》第二次修正
5	中华人民共和国土壤污染防治法	2019 年 1 月 1 日	2018 年 8 月 31 日第十三届全国人民代表大会常务委员会第五次会议通过
6	中华人民共和国清洁生产促进法	2003 年 1 月 1 日	2002 年 6 月 29 日第九届全国人民代表大会常务委员会第二十八次会议通过，根据 2012 年 2 月 29 日第十一届全国人民代表大会常务委员会第二十五次会议《关于修改〈中华人民共和国清洁生产促进法〉的决定》修正

序号	名称	生效日期	制定、修正、修订情况
7	中华人民共和国野生动物保护法	2017年1月1日	1988年11月8日第七届全国人民代表大会常务委员会第四次会议通过，根据2004年8月28日第十届全国人民代表大会常务委员会第十一次会议《关于修改〈中华人民共和国野生动物保护法〉的决定》第一次修正，根据2009年8月27日第十一届全国人民代表大会常务委员会第十次会议《关于修改部分法律的决定》第二次修正，2016年7月2日第十二届全国人民代表大会常务委员会第二十一次会议修订，根据2018年10月26日第十三届全国人民代表大会常务委员会第六次会议《关于修改〈中华人民共和国野生动物保护法〉等十五部法律的决定》第三次修正
8	中华人民共和国固体废物污染环境防治法	2020年9月1日	1995年10月30日第八届全国人民代表大会常务委员会第十六次会议通过，2004年12月29日第十届全国人民代表大会常务委员会第十三次会议第一次修订，根据2013年6月29日第十二届全国人民代表大会常务委员会第三次会议《关于修改〈中华人民共和国文物保护法〉等十二部法律的决定》第一次修正，根据2015年4月24日第十二届全国人民代表大会常务委员会第十四次会议《关于修改〈中华人民共和国港口法〉等七部法律的决定》第二次修正，根据2016年11月7日第十二届全国人民代表大会常务委员会第二十四次会议《关于修改〈中华人民共和国对外贸易法〉等十二部法律的决定》第三次修正，2020年4月29日第十三届全国人民代表大会常务委员会第十七次会议第二次修订
9	中华人民共和国海洋环境保护法	2000年4月1日	1982年8月23日第五届全国人民代表大会常务委员会第二十四次会议通过 1999年12月25日第九届全国人民代表大会常务委员会第十三次会议修订 根据2013年12月28日第十二届全国人民代表大会常务委员会第六次会议《关于修改〈中华人民共和国海洋环境保护法〉等七部法律的决定》第一次修正 根据2016年11月7日第十二届全国人民代表大会常务委员会第二十四次会议《关于修改〈中华人民共和国海洋环境保护法〉的决定》第二次修正 根据2017年11月4日第十二届全国人民代表大会常务委员会第三十次会议《关于修改〈中华人民共和国会计法〉等十一部法律的决定》第三次修正

序号	名称	生效日期	制定、修正、修订情况
10	中华人民共和国水法	2002年10月1日	1988年1月21日第六届全国人民代表大会常务委员会第二十四次会议通过，2002年8月29日第九届全国人民代表大会常务委员会第二十九次会议修订，根据2009年8月27日第十一届全国人民代表大会常务委员会第十次会议《关于修改部分法律的决定》第一次修正，根据2016年7月2日第十二届全国人民代表大会常务委员会第二十一次会议《关于修改〈中华人民共和国节约能源法〉等六部法律的决定》第二次修正
11	中华人民共和国海岛保护法	2010年3月1日	2009年12月26日第十一届全国人民代表大会常务委员会第十二次会议通过
12	中华人民共和国环境噪声污染防治法	1997年3月1日	1996年10月29日第八届全国人民代表大会常务委员会第二十二次会议通过，根据2018年12月29日第十三届全国人民代表大会常务委员会第七次会议《关于修改〈中华人民共和国劳动法〉等七部法律的决定》修正
13	中华人民共和国土地管理法	1999年1月1日	1986年6月25日第六届全国人民代表大会常务委员会第十六次会议通过，根据1988年12月29日第七届全国人民代表大会常务委员会第五次会议《关于修改〈中华人民共和国土地管理法〉的决定》第一次修正，1998年8月29日第九届全国人民代表大会常务委员会第四次会议修订，根据2004年8月28日第十届全国人民代表大会常务委员会第十一次会议《关于修改〈中华人民共和国土地管理法〉的决定》第二次修正，根据2019年8月26日第十三届全国人民代表大会常务委员会第十二次会议《关于修改〈中华人民共和国土地管理法〉〈中华人民共和国城市房地产管理法〉的决定》第三次修正
14	中华人民共和国放射性污染防治法	2003年10月1日	2003年6月28日第十届全国人民代表大会常务委员会第三次会议通过
15	中华人民共和国核安全法	2018年1月1日	2017年9月1日第十二届全国人民代表大会常务委员会第二十九次会议通过

表 1-1 所列法律均为《生态环境保护综合行政执法事项指导目录》（2020 年版）所列举的法律，不属于生态环境保护综合行政执法范畴的法律还有《环境保护税法》《循环经济促进法》《节约能源法》以及《森林法》《草原法》《渔业法》《矿产资源法》《水土保持法》《防沙治沙法》等。另外，2020 年 12 月 26 日第十三届全国人民代表大会常务委员会第二十四次会议通过了《长江保护法》。

全国人民代表大会和全国人民代表大会常务委员会通过的法律由国家主席签署主席令予以公布。 签署公布法律的主席令载明该法律的制定机关、通过和施行日期。法律签署公布后，及时在全国人民代表大会常务委员会公报和中国人大网以及在全国范围内发行的报纸上刊载。在全国人民代表大会常务委员会公报上刊登的法律文本为标准文本。

三、行政法规

行政法规指的是由国务院根据《宪法》和法律的规定或者全国人大及其常委会的授权，按照法定程序制定的规范性文件。相对于《宪法》和法律而言，行政法规规定的内容往往更详细、更具体，操作性也更强。行政法规的地位和效力等级低于《宪法》和法律，高于地方性法规和规章。

除有关国防建设的行政法规外，行政法规由总理签署以国务院令的形式公布。行政法规签署公布后，会及时在国务院公报和中国政府法制信息网以及在全国范围内发行的报纸上刊载。在国务院公报上刊登的行政法规文本为标准文本。

表 1-2 主要生态环境及相关行政法规名录

序号	名称	公布、修正、修订情况
1	建设项目环境保护管理条例	国务院令第 253 号发布，根据 2017 年 7 月 16 日《国务院关于修改〈建设项目环境保护管理条例〉的决定》修订
2	规划环境影响评价条例	国务院令第 559 号公布
3	自然保护区条例	国务院令第 167 号发布，根据 2011 年 1 月 8 日《国务院关于废止和修改部分行政法规的决定》修订，根据 2017 年 10 月 7 日《国务院关于修改部分行政法规的决定》修改
4	风景名胜区条例	国务院令第 474 号公布，根据 2016 年 2 月 6 日《国务院关于修改部分行政法规的决定》修订
5	太湖流域管理条例	国务院令第 604 号公布
6	农药管理条例	国务院令第 326 号公布，根据 2001 年 11 月 29 日《国务院关于修改〈农药管理条例〉的决定》修订，根据 2017 年 3 月 16 日国务院令第 677 号修订
7	防治海岸工程建设项目污染损害海洋环境管理条例	国务院令第 62 号公布，根据 2007 年 9 月 25 日国务院令第 507 号第一次修订，根据 2017 年 3 月 1 日《国务院关于修改和废止部分行政法规的决定》进行了第二次修订，根据 2018 年 3 月 19 日《国务院关于修改和废止部分行政法规的决定》第三次修订
8	防治陆源污染物污染损害海洋环境管理条例	国务院令第 61 号发布
9	防治海洋工程建设项目污染损害海洋环境管理条例	国务院令第 475 号公布，根据 2017 年 3 月 1 日《国务院关于修改和废止部分行政法规的决定》第一次修订，根据 2018 年 3 月 19 日《国务院关于修改和废止部分行政法规的决定》第二次修订
10	消耗臭氧层物质管理条例	国务院令第 573 号公布，根据 2018 年 3 月 19 日《国务院关于修改和废止部分行政法规的决定》修订
11	危险废物经营许可证管理办法	国务院令第 408 号公布，根据 2013 年 12 月 7 日《国务院关于修改部分行政法规的决定》修改，根据 2016 年 2 月 6 日《国务院关于修改部分行政法规的决定》修改
12	危险化学品安全管理条例	国务院令第 344 号公布，根据 2011 年 3 月 2 日国务院令第 591 号重新公布，根据 2013 年 12 月 7 日国务院令第 645 号公布修正
13	医疗废物管理条例	国务院令第 380 号公布，根据 2011 年 1 月 8 日《国务院关于废止和修改部分行政法规的决定》修订

序号	名称	公布、修正、修订情况
14	废弃电器电子产品回收处理管理条例	国务院令第 551 号公布，根据 2019 年 3 月 2 日《国务院关于修改部分行政法规的决定》修订
15	畜禽规模养殖污染防治条例	国务院令第 643 号公布
16	土地复垦条例	国务院令第 592 号
17	放射性废物安全管理条例	国务院令第 612 号公布
18	放射性物品运输安全管理条例	国务院令第 562 号公布
19	放射性同位素与射线装置安全和防护条例	国务院令第 449 号公布，根据 2014 年 7 月 29 日《国务院关于修改部分行政法规的决定》修改，根据 2019 年 3 月 2 日《国务院关于修改部分行政法规的决定》第二次修订
20	民用核安全设备监督管理条例	国务院令第 500 号公布，根据 2016 年 2 月 06 日《国务院关于修改部分行政法规的决定》修改
22	核材料管理条例	1987 年 6 月 15 日国务院发布
23	民用核设施安全监督管理条例	1986 年 10 月 29 日国务院发布

表 1-2 所列行政法规均为《生态环境保护综合行政执法事项指导目录》（2020 年版）所列举的行政法规，不属于生态环境保护综合行政执法范畴的行政法规还有《环境保护税法实施条例》《全国污染源普查条例》《城镇排水与污水处理条例》《淮河流域水污染防治暂行条例》《防治船舶污染海洋环境管理条例》《海洋倾废管理条例》《气象设施和气象探测环境保护条例》《生猪屠宰管理条例》等。另外，2021 年 1 月 24 日中华人民共和国国务院令第 736 号还公布了《排污许可管理条例》。

四、地方性法规

地方性法规指的是法定的地方国家权力机关依照法定的权限，根据本行政区域的具体情况和实际需要，在不同《宪法》、法律、行政法规相抵触的前提下，制定和颁布的在本行政区域范围内实施的规范性文件。其中，省、自治区、直辖市的人民代表大会及其常务委员会根据本行政区域的具体情况和实际需要，在不同《宪法》、法律、行政法规相抵触的前提下，可以制定地方性法规。设区的市的人民代表大会及其常务委员会根据本市的具体情况和实际需要，在不同《宪法》、法律、行政法规和本省、自治区的地方性法规相抵触的前提下，可以对城乡建设与管理、环境保护、历史文化保护等方面的事项制定地方性法规，法律对设区的市制定地方性法规的事项另有规定的，从其规定。设区的市的地方性法规须报省、自治区的人民代表大会常务委员会批准后施行。省、自治区的人民代表大会常务委员会对报请批准的地方性法规，应当对其合法性进行审查，同《宪法》、法律、行政法规和本省、自治区的地方性法规不抵触的，应当在四个月内予以批准。省、自治区的人民代表大会常务委员会在对报请批准的设区的市的地方性法规进行审查时，发现其同本省、自治区的人民政府的规章相抵触的，应当作出处理决定。除省、自治区的人民政府所在地的市，经济特区所在地的市和国务院已经批准的较大的市以外，其他设区的市开始制定地方性法规的具体步骤和时间，由省、自治区的人民代表大会常务委员会综合考虑本省、自治区所辖的设区的市的人口数量、地域面积、经济社会发展情况以及立法需求、立法能力等因素确定，并报全国人民代表大会常务委员会和国务院备案。自治州的人民代表大会及其常务委员会可以依照上述规定行使设区的市制定地方性法规的职权。自治州开始制定地方性法规的具体步骤和时间，依照上述规定确定。省、自治区的人民政府所在地的市，经济特区所在地的市和国务院已经批准的较大的市已经制定的地方性法规，涉及《立法法》第七十二条第二款规定事项范围以外的，继续有效。另外，在全国人民代表大会关于修改《立法法》的决定中，专门规定："广东省东莞市和中山市、甘肃省嘉峪关市、海南省三沙市，比照适用本决定有关赋予设区的市地方立法权的规定。”

地方性法规是中国特色社会主义法律体系的重要组成部分，对于保证《宪法》和法律在地方的实施，对于补充国家立法以及各地因地制宜自主解决本地方的事务起到重要作用。为了充分体现地方性法规的地方性，地方性法规的内容应适应地方的实际情况，解决本行政区域的实际问题，有针对性地立法。在2000年《立法法》通过后，十几年来，在地方立法中出现了不少重复立法的情况。特别是在为了执行上位法而制定的具体实施性的地方性法规中，存在贪大求全的情况，为了在体例上与上位法一致，照搬、照抄上位法的规定。《立法法》第73条明确规定:“制定地方性法规，对上位法已经明确规定的内容，一般不作重复性规定。”[①] 地方性法规的效力低于行政法规，高于本级和下级地方政府规章。

省、自治区、直辖市的人民代表大会制定的地方性法规由大会主席团发布公告予以公布。省、自治区、直辖市的人民代表大会常务委员会制定的地方性法规由常务委员会发布公告予以公布。设区的市、自治州的人民代表大会及其常务委员会制定的地方性法规报经批准后，由设区的市、自治州的人民代表大会常务委员会发布公告予以公布。地方性法规公布后，及时在本级人民代表大会常务委员会公报和中国人大网、本地方人民代表大会网站以及在本行政区域范围内发行的报纸上刊载。在常务委员会公报上刊登的地方性法规文本为标准文本。

五、自治条例和单行条例

自治条例指的是民族自治地方的人民代表大会依照当地民族的政

① 乔晓阳.《中华人民共和国立法法》导读与释义.北京：中国民主法制出版社，2015:251-252.

治、经济和文化的特点制定的全面调整本自治地方事务的综合性、规范性文件。单行条例指的是民族自治地方的人民代表大会依照当地民族的政治、经济和文化的特点制定的全面调整本自治地方某方面事务的规范性文件。自治条例集中体现民族自治地方的自治权，具有民族自治地方总章程的性质。单行条例是民族自治地方行使某一方面自治权的具体规定，单行条例应当遵循自治条例的规定。目前，全国 5 个自治区尚未颁布自己的自治条例。各民族自治地方制定了许多单行条例，如《云南省西双版纳傣族自治州环境保护条例》《云南省西双版纳傣族自治州环境保护条例》《元江哈尼族彝族傣族自治县城市环境噪声污染防治管理办法 (试行)》等。

自治条例和单行条例与地方性法规的制定原则不同。地方性法规的制定应遵循两个原则，即在法律规定的权限范围内，根据本行政区域的具体情况和实际需要，遵循不同《宪法》、法律和行政法规相抵触的原则。自治条例和单行条例的制定原则只有一条，即依照当地民族的政治、经济和文化的特点。根据这一原则，自治条例和单行条例在权限范围内可以对法律和行政法规予以变通。

自治条例和单行条例报经批准后，分别由自治区、自治州、自治县的人民代表大会常务委员会发布公告予以公布。自治区的自治条例和单行条例公布后，及时在本级人民代表大会常务委员会公报和中国人大网、本地方人民代表大会网站以及在本行政区域范围内发行的报纸上刊载。在常务委员会公报上刊登的自治条例和单行条例文本为标准文本。

六、部门规章

部门规章指的是国务院各部门根据法律和国务院的行政法规、决定、命令在本部门的权限内按照规定的程序所制定的规定、办法、规则等规范性文件的总称。从我国多年的立法实践看，法律、行政法规的规定有的比较原则、概括，而把一些具体解释性、专业性的规定，授权国务院各部门制定，既可以避免法律、行政法规过于冗长烦琐，又可以保持法律、行政法规的稳定性，减少过多的修改和调整。国务院常务会议、总理办公会议也经常讨论国家管理工作中的重要事项或问题，并作出相应的决定或命令。这些决定或命令，也是国务院有关部门制定部门规章的依据。

党的第十八届四中全会决定提出，“行政机关不得法外设定权力，没有法律法规依据不得作出减损公民、法人和其他组织合法权益或者增加其义务的决定。”考虑到国务院发布决定、命令的职权是《宪法》规定的，具有创制性；同时，将部门规章权利义务设定权的依据限于法律、行政法规也与实际做法不符。因此，2015 年修改后的《立法法》第八十条规定，没有法律或者国务院的行政法规、决定、命令的依据，部门规章不得设定减损公民、法人和其他组织权利或者增加其义务的规范，不得增加本部门的权力或者减少本部门的法定职责。

部门规章由部门首长签署命令予以公布。部门规章签署公布后，及时在国务院公报或者部门公报和中国政府法制信息网以及在全国范围内发行的报纸上刊载。在国务院公报或者部门公报上刊登的规章文本为标准文本。

表 1-3　生态环境保护综合行政执法相关部门规章

序号	名称	文号	生效日期	备注
1	排污许可管理办法（试行）	环境保护部令第 48 号	2018 年 1 月 10 日	根据 2019 年 8 月 22 日《生态环境部关于废止、修改部分规章的决定》（生态环境部令第 7 号）修改
2	企业事业单位环境信息公开办法	环境保护部令第 31 号	2014 年 12 月 19 日	
3	建设项目环境影响登记表备案管理办法	环境保护部令第 41 号	2017 年 1 月 1 日	
4	突发环境事件应急管理办法	环境保护部令第 34 号	2015 年 4 月 16 日	
5	国家级自然保护区监督检查办法	国家环境保护总局令第 36 号	2006 年 10 月 26 日	根据 2017 年 12 月 12 日《环境保护部关于修改部分规章的决定》修正。根据 2019 年 8 月 22 日《生态环境部关于废止、修改部分规章的决定》（生态环境部令第 7 号）修改
6	在国家级自然保护区修筑设施审批管理暂行办法	国家林业局令第 50 号	2018 年 4 月 15 日	
7	森林公园管理办法	林业部令第 3 号	1994 年 1 月 22 日	2011 年 1 月 25 日国家林业局令第 26 号修改，2016 年 9 月 22 日国家林业局令第 42 号修改
8	湿地保护管理规定	国家林业局令第 32 号	2013 年 5 月 1 日	2017 年 12 月 5 日国家林业局令第 48 号修改
9	国家级森林公园管理办法	国家林业局令第 27 号	2011 年 8 月 1 日	
10	水产苗种管理办法	农业部令第 46 号	2005 年 4 月 1 日	
11	环境监测管理办法	国家环境保护总局令第 39 号	2007 年 7 月 25 日	
12	水产种质资源保护区管理暂行办法	农业部令 2011 年第 1 号	2011 年 3 月 1 日	

序号	名称	文号	生效日期	备注
13	近岸海域环境功能区管理办法	国家环境保护总局令第 8 号	1999 年 12 月 10 日	2010 年 12 月 22 日经环境保护部令第 16 号修改
14	消耗臭氧层物质进出口管理办法	环境保护部令第 26 号	2014 年 1 月 27 日	根据 2019 年 8 月 22 日《生态环境部关于废止、修改部分规章的决定》（生态环境部令第 7 号）修改
15	碳排放权交易管理暂行办法	国家发展和改革委员会令第 17 号	2015 年 1 月 9 日	
16	污染源自动监控管理办法	国家环境保护总局令第 28 号	2005 年 9 月 19 日	
17	医疗废物管理行政处罚办法	卫生部 环境保护部令第 16 号	2004 年 5 月 27 日	2010 年 12 月 22 日经环境保护部令第 16 号修改
18	电子废物污染环境防治管理办法	国家环境保护总局令第 40 号	2007 年 9 月 27 日	
19	防治尾矿污染环境管理规定	环境保护部令第 16 号	1992 年 8 月 17 日	1999 年 7 月 12 日经国家环境保护总局令 第 6 号修正，2010 年 12 月 22 日经环境保护部令第 16 号修改
20	煤矸石综合利用管理办法	国家发展和改革委员会令第 18 号	2015 年 3 月 1 日	
21	粉煤灰综合利用管理办法	国家发展和改革委员会令 第 19 号	2013 年 3 月 1 日	
22	突发环境事件调查处理办法	环境保护部令第 32 号	2014 年 12 月 19 日	
23	新化学物质环境管理登记办法	生态环境部令第 12 号	2021 年 1 月 1 日	2010 年 1 月 19 日原环境保护部发布的《新化学物质环境管理办法》（环境保护部令第 7 号）同时废止
24	病原微生物实验室生物安全环境管理办法	国家环境保护总局令第 32 号	2006 年 3 月 8 日	
25	进出口环保用微生物菌剂环境安全管理办法	环境保护部第 10 号	2010 年 4 月 2 日	

序号	名称	文号	生效日期	备注
26	危险废物出口核准管理办法	国家环境保护总局令第 47 号	2008 年 1 月 25 日	根据 2019 年 8 月 22 日《生态环境部关于废止、修改部分规章的决定》（生态环境部令第 7 号）修改
27	危险废物转移联单管理办法	国家环境保护总局令第 5 号	1999 年 6 月 23 日	
28	废弃电器电子产品处理资格许可管理办法	环境保护部令第 13 号	2010 年 12 月 15 日	
29	放射性同位素与射线装置安全许可管理办法	国家环境保护总局令第 31 号	2006 年 1 月 18 日	2008 年 12 月 6 日经环境保护部令第 3 号修改，2017 年 12 月 12 日经环境保护部令第 47 号第二次修正。根据 2019 年 8 月 22 日《生态环境部关于废止、修改部分规章的决定》（部令等 7 号）修改
30	放射性同位素与射线装置安全和防护管理办法	环境保护部令第 18 号	2011 年 4 月 18 日	HAF802—2011
31	放射性固体废物贮存和处置许可管理办法	环境保护部令第 25 号	2013 年 12 月 30 日	HAF402—2013。根据 2019 年 8 月 22 日《生态环境部关于废止、修改部分规章的决定》（生态环境部令第 7 号）修改
32	民用核安全设备设计制造安装和无损检验监督管理规定	国家环境保护总局令第 43 号	2007 年 12 月 28 日	HAF601—2007。根据 2019 年 8 月 22 日《生态环境部关于废止、修改部分规章的决定》（生态环境部令第 7 号）修改
33	民用核安全设备焊接人员资格管理规定	生态环境部令第 5 号	2020 年 1 月 1 日	

表1-3所列部门规章均为《生态环境保护综合行政执法事项指导目录》（2020年版）所列举的部门规章，不属于生态环境保护综合行政执法范畴的污染防治与生态保护领域部门规章还有《饮用水水源保护区污染防治管理规定》（[89]环管字第201号，2010年12月22日经环境保护部令第16号修改）、《防止含多氯联苯电力装置及其废物污染环境的规定》（〔91〕环管字第050号）、《国家环境保护局环境保护科学技术研究成果管理办法》（国家环境保护局令第7号）、《化学品首次进口及有毒化学品进出口环境管理规定》（环管〔1994〕140号，经2007年10月8日国家环境保护总局第41号令修改）、《环境保护法规解释管理办法》（国家环境保护总局令第1号）、《环境影响评价审查专家库管理办法》（国家环境保护总局令第16号）、《专项规划环境影响报告书审查办法》（国家环境保护总局令第18号）、《全国环保系统六条禁令》（国家环境保护总局令第20号）、《环境保护行政许可听证暂行办法》（国家环境保护总局令第22号）、《环境保护法规制定程序办法》（国家环境保护总局令第25号）、《建设项目环境影响评价行为准则与廉政规定》（国家环境保护总局令第30号，2021年1月4日经生态环境部令第20号修改）、《环境信访办法》（国家环境保护总局令第34号）、《环境统计管理办法》（国家环境保护总局令第37号）、《环境行政复议办法》（环境保护部令第4号）、《建设项目环境影响评价文件分级审批规定》（环境保护部令第5号）、《环境行政处罚办法》（环境保护部令第8号）、《环保举报热线工作管理办法》（环境保护部令第15号）、《突发环境事件信息报告办法》（环境保护部令第17号）、《污染源自动监控设施现场监督检查办法》（环境保护部令第19号）、《环境监察办法》（环境保护部令第21号）、《环境监察执法证件管理办法》（环

境保护部令第 23 号）、《环境保护主管部门实施按日连续处罚办法》（环境保护部令第 28 号）、《环境保护主管部门实施查封、扣押办法》（环境保护部令第 29 号）、《环境保护主管部门实施限制生产、停产整治办法》（环境保护部令第 30 号）、《环境保护公众参与办法》（环境保护部令第 35 号）、《建设项目环境影响后评价管理办法（试行）》（环境保护部令第 37 号）、《国家危险废物名录（2021 年版）》（生态环境部令第 15 号）、《污染地块土壤环境管理办法（试行）》（环境保护部令第 42 号）、《环境保护档案管理办法》（环境保护部 国家档案局令第 43 号）、《建设项目环境影响评价分类管理名录（2021 年版）》（生态环境部令第 16 号）、《农用地土壤环境管理办法（试行）》（环境保护部 农业部令第 46 号）、《工矿用地土壤环境管理办法（试行）》（生态环境部令第 3 号）、《环境影响评价公众参与办法》（生态环境部令第 4 号）、《建设项目环境影响报告书（表）编制监督管理办法》（生态环境部令第 9 号）、《固定污染源排污许可分类管理名录（2019 年版）》（生态环境部令第 11 号）、《生态环境部建设项目环境影响报告书（表）审批程序规定》（生态环境部令第 14 号）、《高速铁路安全防护管理办法》（中华人民共和国交通运输部令 2020 年第 8 号）、《生活垃圾焚烧发电厂自动监测数据应用管理规定》（生态环境部令第 10 号）、《生态环境标准管理办法》（生态环境部令第 17 号）、《碳排放交易管理办法》（生态环境部令第 19 号）等；核与辐射领域部门规章还有《核材料管制条例实施细则》（〔90〕国核安法字 129 号）、《核电厂厂址选择安全规定》（国家核安全局令第 1 号）、《核电厂质量保证安全规定》（国家核安全局令第 1 号）、《民用核燃料循环设施的安全规定》（国家核安全局令第 3 号）、《核电厂换料、修改和事故停堆管理》（国核安法字〔1994〕040号）、《研究堆设计安全规定》（国核安法字〔1995〕162号）、《研究堆运行安全规定》（国核安法字〔1995〕162号）、《核设施的安全监督》（国核安法字〔1995〕167号）、《核电厂营运单位报告制度》（国核安法字〔1995〕167号）、《研究堆营运单位报告制度》（国核安法字〔1995〕167号）、《核燃料循环设施的报告制度》（国核安法字〔1995〕167号）、《放射性废物安全监督管理规定》（国核安法字〔1997〕183号）、《核电厂营运单位的应急准备和应急响应》（HAF002/01—1998）、《核动力厂设计安全规定》（国核安发〔2004〕81号）、《核动力厂运行安全规定》（国核安发〔2004〕81号）、《进口民用核安全设备监督管理规定》（国家环境保护总局令第46号）、《放射性物品运输安全许可管理办法》（环境保护部令第11号）、《核与辐射安全监督检查人员证件管理办法》（环境保护部令第24号）、《放射性物品运输安全监督管理办法》（环境保护部令第38号）、《民用核安全设备无损检验人员资格管理规定》（生态环境部令第6号）、《核动力厂、研究堆、核燃料循环设施安全许可程序规定》（生态环境部令第8号）、《核动力厂营运单位核安全报告规定》（生态环境部令第13号）、《核动力厂管理体系安全规定》（生态环境部令第18号）、《民用核设施操作人员资格管理规定》（生态环境部　国家发展和改革委员会令第22号）等。

七、地方政府规章

地方政府规章指的是由省、自治区、直辖市和设区的市、自治州的人民政府根据法律、行政法规、地方性法规并按照法定程序所制定的普遍适用于本地区行政管理工作的规定、办法、规则等规范性文件。省、自治区、直辖市和设区的市、自治州的人民政府有规章制定权。根据2015年修改《立法法》的决定，广东省东莞市和中山市、甘肃省嘉峪关市的人民政府，也有规章制定权。制定地方政府规章要根据法律、行政法规和本地区的地方性法规，也就是说，没有上位法依据，不得制定地方政府规章；没有上位法的明确授权，地方政府规章没有权利义务的设定权。这一点与制定地方性法规采用的“不抵触说”有明显区别，只要不与上位法相抵触，无须上位法依据，也可以制定地方性法规；无须上位法依据，地方性法规也可以设定权利义务。

考虑到地方实际工作的需要，《立法法》第82条第5款规定：“应当制定地方性法规但条件尚不成熟的，因行政管理迫切需要，可以先制定地方政府规章。规章实施满两年需要继续实施规章所规定的行政措施的，应当提请本级人民代表大会或者其常务委员会制定地方性法规。”上述规章“实施满两年”后，如未提请本级人民代表大会或者其常务委员会制定地方性法规，规章所规定的本应制定地方性法规进行规定的行政措施自然失效，但规章其他规定继续有效。

地方政府规章由省长、自治区主席、市长或者自治州州长签署命令予以公布。地方政府规章签署公布后，及时在本级人民政府公报和中国政府法制信息网以及在本行政区域范围内发行的报纸上刊载。在国务院公报或者地方人民政府公报上刊登的规章文本为标准文本。

八、司法解释

司法解释指的是最高人民法院和最高人民检察院对审判和检察工作中如何具体应用法律的问题作出的解释。最高人民法院和最高人民检察院发布的司法解释均具有法律效力。《最高人民法院关于司法解释工作的规定》（法发〔2007〕12号）第6条规定，司法解释的形式分为“解释”“规定”“批复”和“决定”四种。对在审判工作中如何具体应用某一法律或者对某一类案件、某一类问题如何应用法律制定的司法解释，采用“解释”的形式。根据立法精神对审判工作中需要制定的规范、意见等司法解释，采用“规定”的形式。对高级人民法院、解放军军事法院就审判工作中具体应用法律问题的请示制定的司法解释，采用“批复”的形式。修改或者废止司法解释，采用“决定”的形式。《最高人民检察院司法解释工作规定》（高检发研字〔2006〕4号）第17条规定，司法解释文件采用“解释”“规定”“规期”“意见”“批复”等形式，统一编排最高人民检察院司法解释文号。表1-4为生态环境相关司法解释及司法文件。

表1-4 生态环境相关司法解释及司法文件

序号	名称	文号	生效日期
1	最高人民法院关于审理行政协议案件若干问题的规定	法释〔2019〕17号	2020年1月1日
2	最高人民法院、最高人民检察院关于人民检察院提起刑事附带民事公益诉讼应否履行诉前公告程序问题的批复	法释〔2019〕18号	2019年12月6日
3	最高人民法院关于审理生态环境损害赔偿案件的若干规定（试行）	—	2019年6月5日（2020年修正）
4	最高人民法院、最高人民检察院关于检察公益诉讼案件适用法律若干问题的解释	法释〔2018〕6号	2018年3月2日（2020年修正）
5	最高人民法院关于执行和解若干问题的规定	—	2018年3月1日
6	最高人民法院关于适用《中华人民共和国行政诉讼法》的解释	法释〔2018〕1号	2018年2月8日
7	最高人民法院关于审理海洋自然资源与生态环境损害赔偿纠纷案件若干问题的规定	法释〔2017〕23号	2018年1月15日
8	最高人民法院关于全面加强长江流域生态文明建设与绿色发展司法保障的意见	法发〔2017〕30号	2017年12月1日
9	最高人民法院 关于进一步保护和规范当事人依法行使行政诉权的若干意见	法发〔2017〕25号	2017年8月31日

序号	名称	文号	生效日期
10	最高人民法院关于审理矿业权纠纷案件适用法律若干问题的解释	法释〔2017〕12号	2017年7月27日
11	环境保护部、公安部、最高人民检察院关于印发《环境保护行政执法与刑事司法衔接工作办法》的通知	环环监[2017]17号	2017年1月25日
12	最高人民法院、最高人民检察院关于办理环境污染刑事案件适用法律若干问题的解释	法释〔2016〕29号	2017年1月1日
13	最高人民法院、最高人民检察院关于办理非法采矿、破坏性采矿刑事案件适用法律若干问题的解释	法释〔2016〕25号	2016年12月1日
14	最高人民法院关于行政诉讼应诉若干问题的通知	法〔2016〕260号	2016年7月28日
15	关于充分发挥审判职能作用为推进生态文明建设与绿色发展提供司法服务和保障的意见	法发〔2016〕12号	2016年5月26日
16	最高人民法院、最高人民检察院关于办理贪污贿赂刑事案件适用法律若干问题的解释	法释〔2016〕9号	2016年4月18日
17	最高人民法院关于海事法院受理案件范围的规定	法释〔2016〕4号	2016年3月1日
18	最高人民法院关于审理环境侵权责任纠纷案件适用法律若干问题的解释	法释〔2015〕12号	2015年6月3日（2020年修正）
19	最高人民法院关于审理环境民事公益诉讼案件适用法律若干问题的解释	法释〔2015〕1号	2015年1月7日（2020年修正）
20	最高人民法院、最高人民检察院关于办理走私刑事案件适用法律若干问题的解释	法释〔2014〕10号	2014年9月10日
21	最高人民法院关于全面加强环境资源审判工作 为推进生态文明建设提供有力司法保障的意见	法发〔2014〕11号	2014年6月23日
22	最高人民法院、民政部、环境保护部关于贯彻实施环境民事公益诉讼制度的通知	法[2014]352号	2014年12月26日
23	最高人民法院关于审理破坏草原资源刑事案件应用法律若干问题的解释	法释〔2012〕15号	2012年11月22日

序号	名称	文号	生效日期
24	最高人民法院、最高人民检察院关于办理渎职刑事案件适用法律若干问题的解释（一）	法释〔2012〕18号	2013年1月9日
25	最高人民法院、最高人民检察院关于办理危害计算机信息系统安全刑事案件应用法律若干问题的解释	法释〔2011〕19号	2011年9月1日
26	最高人民法院关于审理政府信息公开行政案件若干问题的规定	法释〔2011〕17号	2011年8月13日
27	最高人民法院关于审理船舶油污损害赔偿纠纷案件若干问题的规定	法释〔2011〕14号	2011年7月1日
28	最高人民检察院、公安部关于公安机关管辖的刑事案件立案追诉标准的规定(三)	公通字〔2012〕26号	2012年5月16日
29	最高人民检察院、公安部关于公安机关管辖的刑事案件立案追诉标准的规定(二)	—	2010年5月7日
30	最高人民检察院、公安部关于公安机关管辖的刑事案件立案追诉标准的规定(二)的补充规定	公通字〔2011〕47号	2011年11月14日
31	最高人民检察院、公安部关于公安机关管辖的刑事案件立案追诉标准的规定（一）	公通字〔2008〕36号	2008年6月25日
32	最高人民检察院、公安部关于公安机关管辖的刑事案件立案追诉标准的规定（一）的补充规定	公通字〔2017〕12号	2017年4月27日
33	最高人民法院、最高人民检察院关于办理盗窃油气、破坏油气设备等刑事案件具体应用法律若干问题的解释	法释〔2007〕3号	2007年1月19日
36	最高人民法院关于审理行政许可案件若干问题的规定	法释〔2009〕20号	2010年1月4日
37	最高人民法院关于行政诉讼撤诉若干问题的规定	法释〔2008〕2号	2008年2月1日
38	最高人民检察院关于渎职侵权犯罪案件立案标准的规定	高检发释字〔2006〕2号	2006年07月26日

序号	名称	文号	生效日期
39	最高人民法院关于印发《关于审理行政案件适用法律规范问题的座谈会纪要》的通知	法〔2004〕96 号	2004 年 5 月 18 日
40	最高人民法院关于行政诉讼证据若干问题的规定	法释〔2002〕21 号	2002 年 10 月 1 日

九、国际条约和国际协定

国际条约和国际协定是不同国家之间、国家与国际组织之间就政治、经济、文化、军事等方面的事项协商约定双方权利义务的一种规范性文件。一种观点认为，我国缔结和参加的国际公约、条约作为我国环境保护法体系的一个组成部分，其内容和要求在我国具有法律效力。因此，企业也必须注意到国际环境法的规定。①

十、生态环境部等部门的规范性文件

基于政策的推行或紧急情况下的应急考虑，在某些行政活动暂时没有法律法规规定的前提下，生态环境部等部门也可以依法定职权和法定程序颁行具有普遍约束力的规范性文件。考虑到我国司法机关对环境行政行为的审查标准，加上依法行政的要求和环境行政执法的实践来看，生态环境部出台的规范性文件不能作为环境行政执法的直接依据。但是，生态环境执法部门在具体执法时往往会按照生态环境部等部门的规范性文件进行执法，最终可由人民法院进行司法审查。

十一、生态环境保护标准

在《环境保护法》《大气污染防治法》《水污染防治法》《海洋环境保护法》《环境噪声污染防治法》《固体废物污染环境防治法》等法律中，均规定了实施环境保护标准的条款，使环境保护标准成为

① 王灿发．中国环境行政执法手册．北京：中国人民大学出版社，2009:13.

环境行政执法必不可少的依据和环境保护法律法规的重要组成部分。就环境保护标准的体系来讲，我国的环境保护标准分为两级，即国家环境保护标准和地方环境保护标准。其中，国家环境保护标准按要素可分为水环境保护标准、大气环境保护标准、环境噪声与振动标准、土壤环境保护标准、固体废物环境标准、核辐射与电磁辐射环境保护标准、生态环境保护标准和其他环境保护标准。地方环境保护标准分为地方环境质量标准和地方污染物排放标准。

（一）国家环境保护标准

国家环境保护标准由国务院生态环境主管部门和国家标准化行政主管部门共同发布。其中，国家环境质量标准是在全国范围内或者在规定的特定区域内适用的标准。国家污染物排放标准，是国务院生态环境主管部门根据整个国家环境质量标准的总体要求和技术经济条件，并考虑了我国各种环境要素在不同地区的差异性等特点而制定的在全国适用的污染物排放标准。国家环境监测规范、方法等技术规范标准与环境质量标准和大气污染物排放标准紧密相连，必须全国统一，才能得出正确的标准数值，否则就不可能在同一水平上对环境质量作出评价，对污染物排放浓度作出判断。我国环境保护标准体系见表 1-5。

表 1-5　我国环境保护标准体系

序号	标准要素	标准类别
1	水环境保护标准	水环境质量标准
		水污染物排放标准
		相关监测规范、方法标准
		相关标准

序号	标准要素	标准类别
2	大气环境保护标准	大气环境质量标准
		大气污染物排放标准
		相关监测规范、方法标准
		相关标准
3	环境噪声与振动标准	声环境质量标准
		环境噪声排放标准
		相关监测规范、方法标准
4	土壤环境保护标准	土壤环境质量标准
		相关监测规范、方法标准
5	固体废物环境标准	固体废物污染控制标准
		危险废物鉴别标准
		固体废物监测方法标准
		其他相关标准
6	核辐射与电磁辐射环境保护标准	放射性环境标准
		电磁辐射标准
		相关监测方法标准
		相关标准
7	生态环境保护标准	相关技术规范、标准
		相关监测规范、方法标准
8	其他环境保护标准	清洁生产标准
		环境影响评价技术导则
		环保验收技术规范
		环境标志产品技术要求
		环境保护产品技术要求
		环境保护工程技术规范
		环境保护信息标准
		其他

（二）地方环境保护标准

地方环境保护标准包括地方环境质量标准和地方污染物排放标准。地方环境保护标准只能由省、自治区、直辖市人民政府依法制定、发布，其他任何机构和组织均无权制定、发布地方环境保护标准。

PART 2

第二章

污染环境会被判刑吗?

在法律体系规范的“三大”法律责任（民事责任、行政责任和刑事责任）中，刑事责任针对的是具有严重社会危害性的行为，即犯罪行为。

《刑法》中的禁止性规范是不可逾越的“红线”，任何逾越“红线”的行为都是犯罪，是要承担法律刑事责任的。因此，在犯罪与刑事责任的关系上，犯罪是因，刑事责任是果。

《刑法》第三百三十八条规定：“违反国家规定，排放、倾倒或者处置有放射性的废物、含传染病病原体的废物、有毒物质或者其他有害物质，严重污染环境的，处三年以下有期徒刑或者拘役，并处或者单处罚金；情节严重的，处三年以上七年以下有期徒刑，并处罚金；有下列情形之一的，处七年以上有期徒刑，并处罚金：（一）在饮用水水源保护区、自然保护地核心保护区等依法确定的重点保护区域排放、倾倒、处置有放射性的废物、含传染病病原体的废物、有毒物质，情节特别严重的；（二）向国家确定的重要江河、湖泊水域排放、倾倒、处置有放射性的废物、含传染病病原体的废物、有毒物质，情节特别严重的；（三）致使大量永久基本农田基本功能丧失或者遭受永久性破坏的；（四）致使多人重伤、严重疾病，或者致人严重残疾、死亡的。有前款行为，同时构成其他犯罪的，依照处罚较重的规定定罪处罚。”

根据《最高人民法院、最高人民检察院关于办理环境污染刑事案件适用法律若干问题的解释》（以下简称《解释》（法释〔2016〕29号）第一条，实施刑法第三百三十八条规定的行为，具有下列情形之一的，应当认定为“严重污染环境”：

（一）在饮用水水源一级保护区、自然保护区核心区排放、倾倒、处置有放射性的废物、含传染病病原体的废物、有毒物质的；

温馨提示

在饮用水水源一级保护区、自然保护区核心区排放、倾倒、处置有放射性的废物、含传染病病原体的废物、有毒物质的行为，对生态环境的危害极其严重，其行为的社会危害性不可想象。因此，《最高人民法院、最高人民检察院关于办理环境污染刑事案件适用法律若干问题的解释》（法释〔2016〕29号）第一条第一项明确规定对于此种情形可以直接认定为“严重污染环境”，而无须再判断其是否引发后果及后果的严重与否。

问题1：什么是放射性废物？

《放射性污染防治法》第六十二条第八项规定：“放射性废物，是指含有放射性核素或者被放射性核素污染，其浓度或者比活度大于国家确定的清洁解控水平，预期不再使用的废弃物。” 放射性废物是核设施运行与退役、核技术应用或铀（钍）和伴生放射性矿开发利用中产生的特殊废物，其按放射性水平的高、低又分为高放废物、中放废物和低放废物。本含义中的 “清洁解控水平”是由国家审管部门规定的以比活度浓度和（或）总活度表示的一组值，当等于或低于这些值辐射源可解除审管控制。

问题2：什么是传染病病原体？

病原体，也叫病原物、病原生物，是能引起疾病的微生物和寄生虫的统称。它包括细菌、病毒、螺旋体和寄生虫等。传染病是由病原体引起的。病原体从一个传染源经过外界环境传播到另一个易感个体，是借助于外界环境中一定的物体，如水、空气、食物、日常用品、手等实现的。伤寒、霍乱、痢疾、甲型病毒性肝炎、血吸虫病、钩端螺旋体病等许多肠道传染病和部分人畜共患传染病、寄生虫病可以经水传播；所有的肠道传染病和个别的呼吸道传染病，可以通过污染食物而传播。手及日常用品被传染源的排泄物或分泌物污染后，可以传播病原体。被污染的病房、医疗器械、药品也会传播病原体。对被传染病病原体污染的污水、污物、场所和物品按规定要求进行严格消毒处理，目的是切断传播途径以控制或者消灭传染病。

问题3：哪些物质应当认定为《刑法》第三百三十八条规定的“有毒物质”？

《最高人民法院、最高人民检察院关于办理环境污染刑事案件适用法律若干问题的解释》第十五条规定：“下列物质应当认定为刑法第三百三十八条规定的‘有毒物质’：（一）危险废物，是指列入国家危险废物名录，或者根据国家规定的危险废物鉴别标准和鉴别方法认定的，具有危险特性的废物；（二）《关于持久性有机污染物的斯德哥尔摩公约》附件所列物质；（三）含重金属的污染物；（四）其他具有毒性，可能污染环境的物质。”

危险废物，是指列入国家危险废物名录，或者根据国家规定的危险废物鉴别标准和鉴别方法认定的，具有危险特性的废物。

持久性有机污染物 (Persistent Organic Pollutants，POPs)，是指具有高毒性，在环境中难以降解，可生物积累，通过空气、水和迁徙物种进行长距离越境迁移并沉积到远离其排放地点的地区，并能够在陆地生态系统和水域生态系统中积累，对环境和生物体造成负面影响的天然或人工合成的有机物。① 目前，《关于持久性有机污染物的斯德哥尔摩公约》除了第一批 12 种 POPs 物质外，2009 年、2011 年、2013 年和 2015 年又分四批新增了 14 种受控 POPs。26 种受控 POPs 物质分别为：艾氏剂、狄氏剂、异狄氏剂、DDT、六氯苯、氯丹、灭蚁灵、毒杀芬、七氯、多氯联苯（PCBs）、多氯联苯并-对-二噁英（PCDDs）、多氯联苯并呋喃（PCDFs）、林丹、α-六氯环己烷（HCH）、β-六氯环己烷、商用五溴联苯醚、商用六溴二苯、开蓬、商用八溴二苯

① 环境保护部科技标准司，中国环境科学学会．持久性有机污染物（POPs）防治知识问答．北京：中国环境出版社，2016.

醚、全氟辛基磺酸及其盐类和全氟辛基磺酰氟、五氯苯、硫丹、六溴环十二烷（HBCD）、六氯丁二烯、五氯苯酚及其盐和酯、多氯化萘。

《最高人民法院、最高人民检察院关于办理环境污染刑事案件适用法律若干问题的解释》（法释〔2016〕29 号）第一条第三项和第四项涉及的重金属共 14 种，即铅、汞、镉、铬、砷、铊、锑、镍、铜、锌、银、钒、锰、钴。2011 年 2 月，国务院正式批复的《重金属污染综合防治“十二五”规划》确定的重点防控的重金属污染物是铅、汞、镉、铬和类金属砷等，兼顾镍、铜、锌、银、钒、锰、钴、铊、锑等其他重金属污染物。

鉴于实践中“有毒物质”的表现形式繁多，可能无法涵盖《解释》第十五条第一至三项，第四项专门规定“其他具有毒性，可能污染环境的物质”兜底项。适用中需要注意的是，“有毒物质”是“有害物质”中具有毒性的物质，其属性不仅仅在于对环境的危害，更在于其本身的毒性。因此，实践中要注意有毒物质的典型特征，避免将其他有害物质纳入有毒物质的范围。[①]

（二）非法排放、倾倒、处置危险废物三吨以上的；

① 胡云腾．最高人民法院　最高人民检察院环境污染刑事司法解释理解与适用．北京：人民法院出版社，2014：87.

问题 1：如何认定非法排放、倾倒、处置行为？

最高人民检察院、最高人民法院、生态环境部、司法部、公安部《关于办理环境污染刑事案件有关问题座谈会纪要》指出，会议针对如何准确认定环境污染犯罪中非法排放、倾倒、处置行为进行了讨论。会议认为，司法实践中认定非法排放、倾倒、处置行为时，应当根据《固体废物污染环境防治法》和《解释》中的有关规定，从其行为方式是否违反国家规定或者行业操作规范、污染物是否与外环境接触、是否造成环境污染的危险或者危害等方面进行综合分析判断。对名为运输、贮存、利用，实为排放、倾倒、处置的行为应当认定为非法排放、倾倒、处置行为，可以依法追究刑事责任。比如，未采取相应防范措施将没有利用价值的危险废物长期贮存、搁置，放任危险废物或者其有毒有害成分大量扬散、流失、泄漏、挥发，污染环境的，也要依法追究其刑事责任。

问题 2：如何认定危险废物？

最高人民检察院、最高人民法院、生态环境部、司法部、公安部《关于办理环境污染刑事案件有关问题座谈会纪要》指出，会议针对危险废物如何认定以及是否需要鉴定的问题进行了讨论。会议认为，根据《解释》的规定精神，对于列入《国家危险废物名录》的，如果来源和相应特征明确，司法人员根据自身专业技术知识和工作经验认定难度不大的，司法机关可以依据名录直接认定。对于来源和相应特征不明确的，由生态环境部门、公安机关等出具书面意见，司法机关可以依据涉案物质的来源、产生过程、被告人供述、证人证言以及经批准或者备案的环境影响评价文件等证据，结合上述书面意见作出是否属于危险废物的认定。对于需要生态环境部门、公安机关等出具书面认定意见的，区分下列情况分别处理：（1）对已确认固体废物产生单位，且产废单位环评文件中明确为危险废物的，根据产废单位建设项目环评文件和审批、验收意见、案件笔录等材料，可对照《国家危险废物名录》等出具认定意见。（2）对已确认固体废物产生单位，但产废单位环评文件中未明确为危险废物的，应进一步分析废物产生工艺，对照判断其是否列入《国家危险废物名录》。列入名录的可以直接出具认定意见；未列入名录的，应根据原辅材料、产生工艺等进一步分析其是否具有危险特性，不可能具有危险特性的，不属于危险废物；可能具有危险特性的，抽取典型样品进行检测，并根据典型样品检测指标浓度，对照《危险废物鉴别标准》（GB 5085.1—7）出具认定意见。（3）对固体废物产生单位无法确定的，应抽取典型样品进行检测，根据典型样品检测指标浓度，对照《危险废物鉴别标准》（GB 5085.1—7）出具认定意见。对确需进一步委托有相关资质的检测鉴定机构进行检测鉴定的，生态环境部门或者公安机关按照有关规定开展检测鉴定工作。

温馨提示

《最高人民法院、最高人民检察院关于办理环境污染刑事案件适用法律若干问题的解释》第三条规定，实施刑法第三百三十八条、第三百三十九条规定的行为，（二）非法排放、倾倒、处置危险废物一百吨以上的，应当认定为“后果特别严重”，处三年以上七年以下有期徒刑，并处罚金。

（三）排放、倾倒、处置含铅、汞、镉、铬、砷、铊、锑的污染物，超过国家或者地方污染物排放标准三倍以上的；

（四）排放、倾倒、处置含镍、铜、锌、银、钒、锰、钴的污染物，超过国家或者地方污染物排放标准十倍以上的；

问题1：超过污染物排放标准的具体倍数如何认定？

关于超过污染物排放标准的具体倍数认定，业内人士有不同看法。以超过国家或者地方污染物排放标准3倍为例，究竟是指污染物浓度为排放标准的3倍还是4倍以上，存在不同认识。对此，实践中有的地方已经作了统一。例如，浙江省高级人民法院、浙江省人民检察院、浙江省公安厅、浙江省环保厅《关于办理环境污染刑事案件若干问题的会议纪要》（浙检发侦监字〔2014〕7号）明确提出："'污染物排放标准三倍以上'的认定。是指超过污染物排放标准的三倍，即污染物排放标准×3以上的浓度，如标准为0.5的，超过1.5即为超标。"又如，对于污染物浓度为排放标准3倍以上但未达到4倍以上的，宜充分考虑案件的具体社会危害性，妥善决定是否纳入刑事追究范围。其中，对于情节显著轻微、社会危害不大的，可以适用《刑法》第十三条但书的规定出罪。[①]

问题2：重金属的排放监控位置在哪？

重金属的排放监控位置有车间或生产设施废水排放口、车间或生产设施排气筒、企业废水总排放口、烟囱或排气筒、企业边界等，所以对监测取样点的选择应依据环境监测的相关规定，不一定以最终排入外环境点为准。另外，《最高人民法院、最高人民检察院关于办理环境污染刑事案件适用法律若干问题的解释》（法释〔2016〕29号）

① 喻海松．环境资源犯罪实务精释．北京：法律出版社，2017:67.

第十二条第二款规定："公安机关单独或者会同环境保护主管部门，提取污染物样品进行检测获取的数据，在刑事诉讼中可以作为证据使用。"在刑事立案后或者初查阶段，公安机关单独或者会同生态环境主管部门，提取污染物样品的，应当同时遵循刑事现场勘查规则的相关规定。环境保护部、公安部和最高人民检察院《环境保护行政执法与刑事司法衔接工作办法》（环环监〔2017〕17 号 ）第三十七条对环境行政执法中部分专有名词的含义进行了说明："外环境"，是指污染物排入的自然环境。对排放含第一类污染物的废水，其产生车间或车间处理设施的排放口，视同为外环境。无法在车间或者车间处理设施排放口对含第一类污染物的废水采样的，废水总排放口或查实由该企业排入其他外环境处。

污染环境犯罪属于行政犯罪。依据《刑法》理论，对于行政犯罪的相关要件的判断，需要依据相关行政法律法规的规定。就污染环境罪的入罪要件"严重污染环境"而言。判断排污行为是否属于《最高人民法院、最高人民检察院关于办理环境污染刑事案件适用法律若干问题的解释》（法释〔2016〕29 号）第一条第三项和第四项规定的超过污染物排放标准时，采样点应当依据相应的污染物排放标准具体规定进行选择，即对于重金属的排放监控位置相应地分别确定为车间或生产设施废水排放口、车间或生产设施排气筒、企业废水总排放口、烟囱或排气筒、企业边界等。

问题 3：不可避免的超标排污行为也能认定为犯罪吗？

从污染物的排放实践来看，受技术条件和各种因素限制，可能会存在行为人意志无法左右的超标排污行为。对此情形，应当根据《刑法》规定和《刑法》理论，实事求是地处理，重金属即使“超过国家或者地方污染物排放标准三倍以上”和“超过国家或者地方污染物排放标准十倍以上”排放的，也不能认定为犯罪。具体而言，主要有如下两种情形：（1）防治污染设施以及其他生成设备的安装、调试期间发生的超标排放情形。从实践看，防治污染设施以及其他生产设备的安装和调试是一个渐进的过程。在这个过程的试验阶段，由于设备尚未正常运转，可能会排放污染物超过标准，后来逐渐达到达标排放的阶段。根据前述分析，对于此种人力无法抗拒的超标排污行为，不能按照犯罪处理。(2) 由于防治污染设施以及其他生产设备发生故障，在故障发生后、发生前这段时间内的超标排放也是人力所不能抗拒的，不能认定为犯罪。但是，如果行为人明知防治污染设施以及其他生产设备发生故障，而故意或者违反有关规定未及时采取措施，则可能构成污染环境罪或者其他相应犯罪。①

（五）通过暗管、渗井、渗坑、裂隙、溶洞、灌注等逃避监管的方式排放、倾倒、处置有放射性的废物、含传染病病原体的废物、有毒物质的；

① 胡云腾．最高人民法院 最高人民检察院环境污染刑事司法解释理解与适用．北京：人民法院出版社，2014：40-41.

温馨提示

《最高人民法院、最高人民检察院关于办理环境污染刑事案件适用法律若干问题的解释》(法释〔2016〕29号)第一条第五项将“通过暗管、渗井、渗坑、裂隙、溶洞、灌注等逃避监管的方式排放、倾倒、处置有放射性的废物、含传染病病原体的废物、有毒物质的”情形,认定为《刑法》第三百三十八条规定的“严重污染环境”的行为。不仅要求通过暗管、渗井、渗坑、裂隙、溶洞、灌注等逃避监管的方式排放、倾倒、处置污染物,而且要求排放、倾倒、处置的须为有放射性的废物、含传染病病原体的废物、有毒物质,而非一般污染物。这与《环境保护法》第四十二条第四款、《水污染防治法》第三十九条、《大气污染防治法》第二十条第二款规定的行政违法行为范围有显著差别。《最高人民法院、最高人民检察院关于办理环境污染刑事案件适用法律若干问题的解释》将部分通过逃避监管的方式排放污染物的行为上升到刑事惩治的高度。

问题1:“逃避监管方式”的范围如何界定?

《环境保护法》第六十三条第三项规定了暗管、渗井、渗坑、灌注或者篡改、伪造监测数据,或者不正常运行防治污染设施等逃避监管的方式；《水污染防治法》第三十九条规定了渗井、渗坑、裂隙、溶洞，私设暗管，篡改、伪造监测数据，或者不正常运行水污染防治设施等逃避监管的方式；《大气污染防治法》第二十条第二款规定了偷排、篡改或者伪造监测数据、以逃避现场检查为目的的临时停产、非紧急情况下开启应急排放通道、不正常运行大气污染防治设施等逃避监管的方式；《最高人民法院、最高人民检察院关于办理环境污染刑事案件适用法律若干问题的解释》（法释〔2016〕29 号）第一条第五项规定的逃避监管的方式则是暗管、渗井、渗坑、裂隙、溶洞、灌注等方式。

《最高人民法院、最高人民检察院关于办理环境污染刑事案件适用法律若干问题的解释》（法释〔2016〕29 号）第一条第五项虽然没有把"通过篡改、伪造监测数据的方式排放、倾倒、处置有放射性的废物、含传染病病原体的废物、有毒物质的"行为纳入调整范围，但如果是重点排污单位篡改、伪造自动监测数据或者干扰自动监测设施，排放化学需氧量、氨氮、二氧化硫、氮氧化物等污染物的，则属于《最高人民法院、最高人民检察院关于办理环境污染刑事案件适用法律若干问题的解释》（法释〔2016〕29 号）第一条第七项的调整范围。同样，《最高人民法院、最高人民检察院关于办理环境污染刑事案件适用法律若干问题的解释》（法释〔2016〕29 号）第一条第五项虽然也没有把"通过不正常运行防治污染设施的方式排放、倾倒、处置有放射性的废物、含传染病病原体的废物、有毒物质的"行为纳入调整范围，但如果是违法减少防治污染设施运行支出一百万元以上的，则属于《最高人民法院、最高人民检察院关于办理环境污染刑事案件适用法律若干问题的解释》（法释〔2016〕29 号）第一条第八项的调整范围。

问题 2：通过暗管等逃避监管的方式达标排放有毒物质是否构成犯罪？

对于“含重金属的污染物”标准，应当限于浓度超过相应标准的含重金属的污染物，还是只要污染物中含有重金属即可？对此，最高人民法院研究室喻海松法官认为，由于法律允许在规定标准范围内排放污染物，对于此类污染物不宜纳入“有毒物质”的范畴。基于此，对“有毒物质”作实质把握。以此为基础，对于司法实践中业已出现的通过暗管、渗井、渗坑、裂隙、溶洞、灌注等逃避监管的方式排放含重金属的物质，但经监测发现浓度并未超标的案件，通常不宜认定为“通过暗管、渗井、渗坑、裂隙、溶洞、灌注等逃避监管的方式排放有毒物质”，不应以犯罪论处。[①]

问题 3：如何认定“暗管”？

《环境保护法》第四十二条第二款规定的“暗管”，应当理解为通过隐蔽的方式达到规避监管的目的而设置的管道。“暗管”的实质在于隐蔽式排污，这是“暗管”的本质属性。对于通过未按照《水污染防治法》第二十二条规定设置的排污口排放污染物，由于所设置的排污口不具备隐蔽性特征，不应认定为“暗管”。当然，对“暗管”的认定也不应拘泥于具体形式，但应考虑行为的社会危害性程度。例如，《行政主管部门移送适用行政拘留环

① 喻海松．污染环境罪若干争议问题之厘清．法律适用，2017(23).

境违法案件暂行办法》第五条规定，暗管是指通过隐蔽的方式达到规避监管目的而设置的排污管道，包括埋入地下的水泥管、瓷管、塑料管等，以及地上的临时排污管道。《行政主管部门移送适用行政拘留环境违法案件暂行办法》对“暗管”的这一界定也强调了隐蔽性特征。

需要注意的是，“暗管”不以行为人已依法办理“环评”手续、“三同时”竣工验收等环保手续为限，不以行为人具有企业法人资格为限。换言之，不能因为行为人没有办理合法的工商注册、登记手续而不适用该项规定，即“通过暗管排污”的行为主体不以办理环保手续、工商手续获得合法排污口的企业为限，凡是设置隐蔽性排污管道旨在通过逃避监管的方式排放污染物的，均可以认定为“暗管排污”。①

（六）二年内曾因违反国家规定，排放、倾倒、处置有放射性的废物、含传染病病原体的废物、有毒物质受过两次以上行政处罚，又实施前列行为的；

① 喻海松．环境资源犯罪实务精释．北京：法律出版社，2017:73.

温馨提示

《最高人民法院、最高人民检察院关于办理环境污染刑事案件适用法律若干问题的解释》第一条第六项将“二年内曾因违反国家规定，排放、倾倒、处置有放射性的废物、含传染病病原体的废物、有毒物质受过两次以上行政处罚，又实施前列行为的”情形，认定为《刑法》第三百三十八条规定的“严重污染环境”的行为。该项规定针对的是受过行政处罚后屡教不改，仍然实施违法排放、倾倒、处置有放射性的废物、含传染病病原体的废物、有毒物质的行为。本项规定将时间限定在“二年内”，污染物限定为“放射性的废物、含传染病病原体的废物、有毒物质”，不包括危害性相对较小的“其他有害物质”，曾受行政处罚的次数限定为“两次以上”。

问题1：如何把握“二年内”的含义？

如何把握“二年内”的含义，直接影响罪与非罪的界限。第一，“两次以上行政处罚”均应当处于两年内。需要注意的是，“二年内”的起算时间以第一次行政处罚发生法律效力之日为标准。对此，需要注意以下几个问题：（1）应以第一次行政处罚生效而非行政立案查处之日作为起算时间。实践中，行政立案查处到行政处罚作出并发生法律效力之日，往往有一个较长的周期，如《环境行政处罚办法》（环境保护部令 第8号）第五十五条规定："环境保护行政处罚案件应当自立案之日起的3个月内作出处理决定。案件办理过程中听证、公告、监测、鉴定、送达等时间不计入期限。"《行政处罚法》对实施行政处罚的时限没有作出规定。《环境行政处罚办法》第五十五条第二款进一步规定：听证、监测、鉴定等程序需要耗费一定的时间，将听证、公告、监测、鉴定和送达的时间扣除，更加合理。《环境行政处罚办法释义》在关于《环境行政处罚办法》第五十五条的要点提示中解释是："超过3个月才作出处罚决定的，不影响处罚决定的效力。但作出决定的环境保护主管部门应当分析超期原因，提高行政效率。"① 故不宜以行政立案查处之日作为起算时间。（2）如果行政相对人针对第一次行政处罚提起行政复议或者行政诉讼的，除复议或者诉讼不停止执行的情形外，应以行政复议决定或者行政诉讼裁决生效之日作为起算之日。原因在于，在行为人提起行政诉讼或者行政复议后，除了继续执行行政处罚的情形，行政处罚并不发生法律效力，故不应作为"二年内"的起算。(3)需要特别注意的是，如果第一次行政处罚是行政拘留的，则应以行政拘留执行完毕之日起算。第二次、第三次实施的"违反国家规定，排放、倾倒、处置有放射性的废物、含传染病病原体的废物、有毒物质"的行为也应当发生在"二年内"，而不能处于二年外。②

---

① 环境保护部环境监察局．环境行政处罚办法释义．北京：中国环境科学出版社，2011：113.

② 胡云腾．最高人民法院 最高人民检察院环境污染刑事司法解释理解与适用．北京：人民法院出版社，2014：45.

问题 2：违法排放、倾倒、处置的物质范围如何界定?

根据《最高人民法院、最高人民检察院关于办理环境污染刑事案件适用法律若干问题的解释》第一条第六项的规定，三次违法排放、倾倒、处置的物质均应当为“有放射性的废物、含传染病病原体的废物、有毒物质”。但是，《最高人民法院、最高人民检察院关于办理环境污染刑事案件适用法律若干问题的解释》第一条第六项并未要求每次违法排放、倾倒、处置的是同一种物质，每次违法行为的行为方式也可以是排放、倾倒、处置三种行为中的任意一种行为方式。例如，某企业第一次受到行政处罚是由于违法排放有放射性的废物，第二次受到行政处罚是由于违法排放含传染病病原体的废物，第三次受到行政处罚是由于违法倾倒有毒物质，只要上述三次违法行为处在“二年内”，就可以认定为符合《最高人民法院、最高人民检察院关于办理环境污染刑事案件适用法律若干问题的解释》第一条第六项的规定。①

（七）重点排污单位篡改、伪造自动监测数据或者干扰自动监测设施，排放化学需氧量、氨氮、二氧化硫、氮氧化物等污染物的；

问题 1：重点排污单位的范围如何界定?

《最高人民法院、最高人民检察院关于办理环境污染刑事案件适

② 胡云腾．最高人民法院 最高人民检察院环境污染刑事司法解释理解与适用．北京：人民法院出版社，2014：46.

用法律若干问题的解释》第十七条第二款规定：“本解释所称‘重点排污单位’，是指设区的市级以上人民政府环境保护主管部门依法确定的应当安装、使用污染物排放自动监测设备的重点监控企业及其他单位。”《重点排污单位名录管理规定（试行）》第二条规定：“重点排污单位名录实行分类管理。按照受污染的环境要素分为水环境重点排污单位名录、大气环境重点排污单位名录、土壤环境污染重点监管单位名录、声环境重点排污单位名录，以及其他重点排污单位名录五类，同一家企业事业单位因排污种类不同可以同时属于不同类别重点排污单位。纳入重点排污单位名录的企业事业单位应明确所属类别和主要污染物指标。”

问题 2：哪些行为可构成“破坏计算机信息系统罪”？

《最高人民法院、最高人民检察院关于办理环境污染刑事案件适用法律若干问题的解释》第十条规定：“违反国家规定，针对环境质量监测系统实施下列行为，或者强令、指使、授意他人实施下列行为的，应当依照刑法第二百八十六条的规定，以破坏计算机信息系统罪论处：（一）修改参数或者监测数据的；（二）干扰采样，致使监测数据严重失真的；（三）其他破坏环境质量监测系统的行为。重点排污单位篡改、伪造自动监测数据或者干扰自动监测设施，排放化学需氧量、氨氮、二氧化硫、氮氧化物等污染物，同时构成污染环境罪和破坏计算机信息系统罪的，依照处罚较重的规定定罪处罚。从事环境监测设施维护、运营的人员实施或者参与实施篡改、伪造自动监测数据、干扰自动监测设施、破坏环境质量监测系统等行为的，应当从重处罚。”《刑法》第二百八十六条规定：“违反国家规定，对计算机信息系统功能进行删除、修改、增加、干扰，造成计算机信息系统不能正常运行，后果严重的，处五年以下有期徒刑或者拘役；后果特别严重的，处五年以上有期徒刑。违反国家规定，对计算机信息系统中存储、处理或者传输的数据和应用程序进行删除、修改、增加的操作，后果严重的，依照前款的规定处罚。故意制作、传播计算机病毒等破坏性程序，影响计算机系统正常运行，后果严重的，依照第一款的规定处罚。单位犯前三款罪的，对单位判处罚金，并对其直接负责的主管人员和其他直接责任人员，依照第一款的规定处罚。”

（八）违法减少防治污染设施运行支出一百万元以上的；

温馨提示

《环境保护法》第四十一条规定，建设项目中防治污染的设施，应当与主体工程同时设计、同时施工、同时投产使用。防治污染的设施应当符合经批准的环境影响评价文件的要求，不得擅自拆除或者闲置。《行政主管部门移送适用行政拘留环境违法案件暂行办法》明确了不正常运行防治污染设施违法排放污染物的具体情形，包括：（1）将部分或全部污染物不经过处理设施，直接排放的；（2）非紧急情况下开启污染物处理设施的应急排放阀门，将部分或者全部污染物直接排放的；（3）将未经处理的污染物从污染物处理设施的中间工序引出直接排放的；（4）在生产经营或者作业过程中，停止运行污染物处理设施的；（5）违反操作规程使用污染物处理设施，致使处理设施不能正常发挥处理作用的；（6）污染物处理设施发生故障后，排污单位不及时或者不按规程进行检查和维修，致使处理设施不能正常发挥处理作用的；（7）其他不正常运行污染防治设施的情形。《大气污染防治法》和《水污染防治法》则规定不正当运行污染防治设施由县级以上人民政府生态环境主管部门责令改正或者责令限制生产、停产整治，并处十万元以上一百万元以下的罚款；情节严重的，报经有批准权的人民政府批准，责令停业、关闭。

实践中，企业为了节约生产成本，停运、闲置、拆除污染治理设施的情况时有发生。本条管理的是非法减少防治污染设施运行支出，正常的技术改进减少运行成本的情况不在此列。

（九）违法所得或者致使公私财产损失三十万元以上的;

问题1：违法所得应该如何计算？

《最高人民法院、最高人民检察院关于办理环境污染刑事案件适用法律若干问题的解释》第十七条第三款规定，“本解释所称‘违法所得’，是指实施刑法第三百三十八条、第三百三十九条规定的行为所得和可得的全部违法收入。”

问题2：公私财产损失应如何计算？

《最高人民法院、最高人民检察院关于办理环境污染刑事案件适用法律若干问题的解释》第十七条第四款规定：“本解释所称‘公私财产损失’，包括实施刑法第三百三十八条、第三百三十九条规定的行为直接造成财产损毁、减少的实际价值，为防止污染扩大、消除污染而采取必要合理措施所产生的费用，以及处置突发环境事件的应急监测费用。”

温馨提示

《最高人民法院、最高人民检察院关于办理环境污染刑事案件适用法律若干问题的解释》第三条第五项规定，实施刑法第三百三十八条、第三百三十九条规定的行为，致使公私财产损失一百万元以上的，应当认定为“后果特别严重”，处三年以上七年以下有期徒刑，并处罚金。

（十）造成生态环境严重损害的；

温馨提示

《最高人民法院、最高人民检察院关于办理环境污染刑事案件适用法律若干问题的解释》（以下简称《解释》）第十七条第五款规定：“本解释所称‘生态环境损害’，包括生态环境修复费用，生态环境修复期间服务功能的损失和生态环境功能永久性损害造成的损失，以及其他必要合理费用。”

最高人民检察院、最高人民法院、生态环境部、司法部、公安部《关于办理环境污染刑事案件有关问题座谈会纪要》对如何适用《解释》第一条、第三条规定的“造成生态环境严重损害的”“造成生态环境特别严重损害的”定罪量刑标准进行了讨论。会议指出，生态环境损害赔偿制度是生态文明制度体系的重要组成部分。党中央、国务院高度重视生态环境损害赔偿工作，党的十八届三中全会明确提出对造成生态环境损害的责任者严格实行赔偿制度。2015 年，中共中央办公厅、国务院办公厅印发《生态环境损害赔偿制度改革试点方案》（中办发〔2015〕57 号），在吉林等 7 个省市部署开展改革试点，取得明显成效。2017 年，中共中央办公厅、国务院办公厅印发《生态环境损害赔偿制度改革方案》（中办发〔2017〕68 号），在全国范围内试行生态环境损害赔偿制度。会议指出，《解释》将造成生态环境损害规定为污染环境罪的定罪量刑标准之一，是为了与生态环境损害赔偿制度实现衔接配套，考虑到该制度尚在试行过程中，《解释》作了较原则的规定。司法实践中，一些省（市）结合本地区工作实际制定了具体标准。会议认为，在生态环境损害赔偿制度试行阶段，全国各省（自治区、直辖市）可以结合本地实际情况，因地制宜，因时制宜，根据案件具体情况准确认定“造成生态环境严重损害”和“造成生态环境特别严重损害”的情形。

温馨提示

《最高人民法院、最高人民检察院关于办理环境污染刑事案件适用法律若干问题的解释》第三条第六项规定，实施刑法第三百三十八条、第三百三十九条规定的行为，造成生态环境特别严重损害的，应当认定为“后果特别严重”，处三年以上七年以下有期徒刑，并处罚金。

（十一）致使乡镇以上集中式饮用水水源取水中断十二小时以上的；

温馨提示

根据环境保护部于 2012 年 3 月 31 日印发的《集中式饮用水水源环境保护指南（试行）》的规定，集中式饮用水水源是指进入输水管网送到用户的和具有一定供水规模（供水人口一般大于 1 000 人）的饮用水水源。

《最高人民法院、最高人民检察院关于办理环境污染刑事案件适用法律若干问题的解释》第三条第一项规定，实施刑法第三百三十八条、第三百三十九条规定的行为，致使县级以上城区集中式饮用水水源取水中断十二小时以上的，应当认定为“后果特别严重”， 处三年以上七年以下有期徒刑，并处罚金。

（十二）致使基本农田、防护林地、特种用途林地五亩以上，其他农用地十亩以上，其他土地二十亩以上基本功能丧失或者遭受永久性破坏的；

温馨提示

《土地管理法》第三十三条规定：“国家实行永久基本农田保护制度。下列耕地应当根据土地利用总体规划划为永久基本农田，实行严格保护：（一）经国务院农业农村主管部门或者县级以上地方人民政府批准确定的粮、棉、油、糖等重要农产品生产基地内的耕地；（二）有良好的水利与水土保持设施的耕地，正在实施改造计划以及可以改造的中、低产田和已建成的高标准农田;(三)蔬菜生产基地;(四)农业科研、教学试验田;(五)国务院规定应当划为永久基本农田的其他耕地。各省、自治区、直辖市划定的永久基本农田一般应当占本行政区域内耕地的百分之八十以上,具体比例由国务院根据各省、自治区、直辖市耕地实际情况规定。”

根据《森林法》第四条的规定,防护林是指以防护为主要目的的森林、林木和灌木丛,包括水源涵养林,水土保持林,防风固沙林,农田、牧场防护林,护岸林,护路林;特种用途林是指以国防、环境保护、科学实验等为主要目的的森林和林木,包括国防林、实验林、母树林、环境保护林、风景林,名胜古迹和革命纪念地的林木,自然保护区的森林。

温馨提示

《最高人民法院、最高人民检察院关于办理环境污染刑事案件适用法律若干问题的解释》第三条第三项规定,实施刑法第三百三十八条、第三百三十九条规定的行为,致使基本农田、防护林地、特种用途林地十五亩以上,其他农用地三十亩以上,其他土地六十亩以上基本功能丧失或者遭受永久性破坏的,应当认定为“后果特别严重”, 处三年以上七年以下有期徒刑,并处罚金。

（十三）致使森林或者其他林木死亡五十立方米以上，或者幼树死亡二千五百株以上的；

温馨提示

《森林法》第四条规定：“森林分为以下五类：（一）防护林：以防护为主要目的的森林、林木和灌木丛，包括水源涵养林，水土保持林，防风固沙林，农田、牧场防护林，护岸林，护路林；（二）用材林：以生产木材为主要目的的森林和林木，包括以生产竹材为主要目的的竹林；（三）经济林：以生产果品，食用油料、饮料、调料，工业原料和药材等为主要目的的林木；（四）薪炭林：以生产燃料为主要目的的林木；（五）特种用途林：以国防、环境保护、科学实验等为主要目的的森林和林木，包括国防林、实验林、母树林、环境保护林、风景林，名胜古迹和革命纪念地的林木，自然保护区的森林。”其他林木，则是除森林以外的其他树木。

根据《最高人民法院关于审理破坏森林资源刑事案件具体应用法律若干问题的解释》第十七条规定：“本解释规定的林木数量以立木蓄积计算，计算方法为：原木材积除以该树种的出材率。本解释所称‘幼树’，是指胸径五厘米以下的树木。”

温馨提示

《最高人民法院、最高人民检察院关于办理环境污染刑事案件适用法律若干问题的解释》第三条第四项规定，实施刑法第三百三十八条、第三百三十九条规定的行为，致使森林或者其他林木死亡一百五十立方米以上，或者幼树死亡七千五百株以上的，应当认定为“后果特别严重”，处三年以上七年以下有期徒刑，并处罚金。

（十四）致使疏散、转移群众五千人以上的；

温馨提示

根据《国家突发环境事件应急预案》的规定，因环境污染疏散、转移人员 5 000 人以上 1 万人以下的，为较大突发环境事件。因环境污染疏散、转移人员 1 万人以上 5 万人以下的，为重大突发环境事件。因环境污染疏散、转移人员 5 万人以上的，为特别重大突发环境事件。《最高人民法院、最高人民检察院关于办理环境污染刑事案件适用法律若干问题的解释》第三条第七项规定，实施刑法第三百三十八条、第三百三十九条规定的行为，致使疏散、转移群众一万五千人以上的，应当认定为“后果特别严重”，处三年以上七年以下有期徒刑，并处罚金。

（十五）致使三十人以上中毒的；

（十六）致使三人以上轻伤、轻度残疾或者器官组织损伤导致一般功能障碍的；

（十七）致使一人以上重伤、中度残疾或者器官组织损伤导致严重功能障碍的；

温馨提示

根据《国家突发公共卫生事件应急预案》的规定，一次食物中毒人数超过 100 人，或者一次性发生急性职业中毒 1～49 人的，即为较大突发公共卫生事件；一次食物中毒 30～99 人，或者一次性发生急性职业中毒 9 人以下的，即为一般突发公共卫生事件。根据《国家突发环境事件应急预案》的规定，10 人以上 50 人以下中毒或重伤的，为较大突发环境事件。经综合衡量，《最高人民法院、最高人民检察院关于办理环境污染刑事案件适用法律若干问题的解释》第一条第（十五）项将“致使三十人以上中毒的”规定为“严重污染环境”的具体情形。

温馨提示

《最高人民法院、最高人民检察院关于办理环境污染刑事案件适用法律若干问题的解释》第三条：“实施刑法第三百三十八条、第三百三十九条规定的行为，具有下列情形之一的，应当认定为‘后果特别严重’：

……

（八）致使一百人以上中毒的；

（九）致使十人以上轻伤、轻度残疾或者器官组织损伤导致一般功能障碍的；

（十）致使三人以上重伤、中度残疾或者器官组织损伤导致严重功能障碍的；

（十一）致使一人以上重伤、中度残疾或者器官组织损伤导致严重功能障碍，并致使五人以上轻伤、轻度残疾或者器官组织损伤导致一般功能障碍的；

（十二）致使一人以上死亡或者重度残疾的；

……

（十八）其他严重污染环境的情形。

问题：兜底条款也会被适用吗？

司法实践中对司法解释中兜底条款的适用往往比较保守，一般情况下不适用兜底条款。最高人民检察院、最高人民法院、生态环境部、司法部、公安部《关于办理环境污染刑事案件有关问题座谈会纪要》指出，会议针对涉大气污染环境犯罪的打击处理问题进行了讨论。会议强调，打赢蓝天保卫战是打好污染防治攻坚战的重中之重。各级人民法院、人民检察院、公安机关、生态环境部门要认真分析研究人民代表大会常务委员会《大气污染防治法》执法检查发现的问题和提出的建议，不断加大对涉大气污染环境犯罪的打击力度，毫不动摇地以法律武器治理污染，用法治力量保卫蓝天，推动解决人民群众关注的突出大气环境问题。会议认为，司法实践中打击涉大气污染环境犯罪，要抓住关键问题，紧盯薄弱环节，突出打击重点。对重污染天气预警期间，违反国家规定超标排放二氧化硫、氮氧化物，受过行政处罚后又实施上述行为或者具有其他严重情节的，可以适用《解释》第一条第十八项规定的“其他严重污染环境的情形”追究刑事责任。

温馨提示

上述污染环境的情形尚不完全，污染环境，还可能涉嫌以下罪名：

《刑法》

第一百一十四条 【放火罪】【决水罪】【爆炸罪】【投放危险物质罪】【以危险方法危害公共安全罪】放火、决水、爆炸以及投放毒害性、放射性、传染病病原体等物质或者以其他危险方法危害公共安全，尚未造成严重后果的，处三年以上十年以下有期徒刑。

第一百一十五条 【放火罪】【决水罪】【爆炸罪】【投放危险物质罪】【以危险方法危害公共安全罪】放火、决水、爆炸以及投放毒害性、放射性、传染病病原体等物质或者以其他危险方法致人重伤、死亡或者使公私财产遭受重大损失的，处十年以上有期徒刑、无期徒刑或者死刑。

【失火罪】【过失决水罪】【过失爆炸罪】【过失投放危险物质罪】【过失以危险方法危害公共安全罪】过失犯前款罪的，处三年以上七年以下有期徒刑；情节较轻的，处三年以下有期徒刑或者拘役。

第一百三十六条【危险物品肇事罪】违反爆炸性、易燃性、放射性、毒害性、腐蚀性物品的管理规定，在生产、储存、运输、使用中发生重大事故，造成严重后果的，处三年以下有期徒刑或者拘役；后果特别严重的，处三年以上七年以下有期徒刑。

第一百五十二条第二款 【走私废物罪】逃避海关监管将境外固体废物、液态废物和气态废物运输进境，情节严重的，处五年以下有期徒刑，并处或者单处罚金；情节特别严重的，处五年以上有期徒刑，并处罚金。

第二百二十五条 【非法经营罪】违反国家规定，有下列非法经营行为之一，扰乱市场秩序，情节严重的，处五年以下有期徒刑或者拘役，并处或者单处违法所得一倍以上五倍以下罚金；情节特别严重的，处五年以上有期徒刑，并处违法所得一倍以上五倍以下罚金或者没收财产：

（一）未经许可经营法律、行政法规规定的专营、专卖物品或者其他限制买卖的物品的；

（二）买卖进出口许可证、进出口原产地证明以及其他法律、行政法规规定的经营许可证或者批准文件的；

（三）未经国家有关主管部门批准非法经营证券、期货、保险业务的，或者非法从事资金支付结算业务的；

（四）其他严重扰乱市场秩序的非法经营行为。

第二百二十九条 【提供虚假证明文件罪】承担资产评估、验资、验证、会计、审计、法律服务、保荐、安全评价、环境影响评价、环境监测等职责的中介组织的人员故意提供虚假证明文件，情节严重的，处五年以下有期徒刑或者拘役，并处罚金；有下列情形之一的，处五年以上十年以下有期徒刑，并处罚金：

（一）提供与证券发行相关的虚假的资产评估、会计、审计、法律服务、保荐等证明文件，情节特别严重的；

（二）提供与重大资产交易相关的虚假的资产评估、会计、审计等证明文件，情节特别严重的；

（三）在涉及公共安全的重大工程、项目中提供虚假的安全评价、环境影响评价等证明文件，致使公共财产、国家和人民利益遭受特别重大损失的。

【提供虚假证明文件罪】有前款行为，同时索取他人财物或者非法收受他人财物构成犯罪的，依照处罚较重的规定定罪处罚。

【出具证明文件重大失实罪】第一款规定的人员，严重不负责任，出具的证明文件有重大失实，造成严重后果的，处三年以下有期徒刑或者拘役，并处或者单处罚金。

第三百三十九条 【非法处置进口的固体废物罪】违反国家规定，将境外的固体废物进境倾倒、堆放、处置的，处五年以下有期徒刑或者拘役，并处罚金；造成重大环境污染事故，致使公私财产遭受重大损失或者严重危害人体健康的，处五年以上十年以下有期徒刑，并处罚金；后果特别严重的，处十年以上有期徒刑，并处罚金。

【擅自进口固体废物罪】未经国务院有关主管部门许可，擅自进口固体废物用作原料，造成重大环境污染事故，致使公私财产遭受重大损失或者严重危害人体健康的，处五年以下有期徒刑或者拘役，并处罚金；后果特别严重的，处五年以上十年以下有期徒刑，并处罚金。

以原料利用为名，进口不能用作原料的固体废物、液态废物和气态废物的，依照本法第一百五十二条第二款、第三款的规定定罪处罚。

PART 3

第三章

企业合法经营是否也会赔偿?

一、什么是无过错责任?

无过错责任，又称严格责任，是环境侵权责任归责的基本原则，其不同于传统侵权的过错责任原则。环境侵权责任中，不以过错存在为前提，无论是否主观上有过错，是否具有违法性，只要客观上造成了环境损害，或者有损害的可能性，就需要承担责任。《最高人民法院关于审理环境侵权责任纠纷案件适用法律若干问题的解释》（法释〔2015〕12号）第一条明确指出，因污染环境、破坏生态造成他人损害，不论侵权人有无过错，侵权人应当承担侵权责任。侵权人以排放符合国家或者地方污染物排放标准为由主张不承担责任的，人民法院不予支持。

在环境侵权纠纷中，侵权人的“合法”行为往往也会危及或损害他人的权益，即使侵权人没有过错，也会给他人造成巨大的财产和人身损害。在有的案例中，被侵权人投入大量时间、财力和精力培育的鱼类大量死亡，与侵权人的排放行为有关。侵权人的排放虽符合国家标准，但是给被侵权人的财产带来了损害。也就是说，无论侵权人的排放是否达标，客观上已然给被侵权人造成了财产损失，这就是环境侵权行为的特殊性。基于此，环境侵权民事责任的归责原则确定为“无过错责任”原则。这种归责原则在法律上的特征为：不考虑侵权人的过错。如《环境保护法》第六条：“企业事业单位和其他生产经营者应当防止、减少环境污染和生态破坏，对所造成的损害依法承担责任。”《民法典》第一千二百二十九条规定：“因污染环境、破坏生态造成他人损害的，侵权人应当承担侵权责任。” 由此可以看出，法律并未考虑侵权人的过错。需指出的是，这一原则同样适用于环境民事公益诉讼。

另外，根据《生态环境损害赔偿制度改革方案》的规定，违反法律法规，造成生态环境损害的单位或个人，应当承担生态环境损害赔偿责任。所以，主流观点认为，这意味着生态环境损害赔偿制度适用过错责任，只有违反法律法规才有可能被追责[①]。

二、环境民事责任也有免责事由

我国环境民事责任中的无过错责任原则并不是绝对的无过错责任或严格的结果责任，而是有例外情况的或有免责事由的无过错责任。侵权民事责任的免责事由分为四类：不可抗力、第三人过错、受害人过错和战争行为。

（一）不可抗力

不可抗力，是指不能预见、不能避免且无法克服的客观情况。“对偶然事件谁也不负责”是罗马法开始的根本训条。一般来说，不可抗力可分为两类：一是不可抗拒的自然灾害，二是某些不可抗拒的社会现象。在我国的环境立法中，不可抗拒的自然灾害是适用范围最广的免责条件。《水污染防治法》第九十六条[②]，《海洋环境保护法》第九十一条[③]等均规定了不可抗力的免责条款。但是《海洋环境保护

① 黄薇．中华人民共和国民法典释义及适用指南．北京：中国民主法制出版社，2020：1884.

②《水污染防治法》第九十六条第二款：由于不可抗力造成水污染损害的，排污方不承担赔偿责任；法律另有规定的除外。

③《海洋环境保护法》第九十一条：完全属于下列情形之一，经过及时采取合理措施，仍然不能避免对海洋环境造成污染损害的，造成污染损害的有关责任者免予承担责任：（一）战争；（二）不可抗拒的自然灾害；（三）负责灯塔或者其他助航设备的主管部门，在执行职责时的疏忽，或者其他过失行为。

法》第九十一条限制了不可抗力的适用，如发生不可抗拒的自然灾害，造成污染损害的有关责任者应当及时采取合理措施，仍然无法避免造成污染损害时，才可以免除加害人的责任，如果自然灾害只是引起损害发生的部分原因，则不能免除加害人的责任。根据《民法典》第一百八十二条的规定，因紧急避险造成损害的，由引起险情发生的人承担民事责任。如果危险是由自然原因引起的，紧急避险人不承担民事责任，可以给予适当补偿。紧急避险采取措施不当或者超过必要的限度，造成不应有的损害的，紧急避险人应当承担适当的民事责任。

此外，根据《民法典》第一百八十一条的规定，因正当防卫造成损害的，不承担民事责任。正当防卫超过必要的限度，造成不应有的损害的，正当防卫人应当承担适当的民事责任。

（二）第三人过错

传统的民事侵权案件中，“第三人过错”往往被作为免责事由，但是环境侵权是一种特殊的侵权行为，即使侵权人行为主观上无过错也应承担相应的责任。所以，相关法律在进行修订后，调整了环境侵权领域“第三人过错”这一免责条件。《民法典》第一千二百三十三条规定：“因第三人的过错污染环境、破坏生态的，被侵权人可以向侵权人请求赔偿，也可以向第三人请求赔偿。侵权人赔偿后，有权向第三人追偿。”《最高人民法院关于审理环境侵权责任纠纷案件适用法律若干问题的解释》第五条规定：“被侵权人根据侵权责任法第六十八条[1]规定分别或者同时起诉污染者、第三人的，人民法院应予受理”。也就是说，被侵权人可以自行选择向侵权人或者第三人分别或者同时求偿。由于实践中，第三人往往难以确定或者无赔偿能力，为了保障被侵权人的利益，法律通常规定由排污者先承担责任，再向第三人追偿。《水污染防治法》第九十六条规定，水污染损害是由第三人造成的，排污方承担赔偿责任后，有权向第三人追偿。从某种意义上说，该项免责条件并未完全免除侵权人的责任，侵权人并不能以第三人过错为由拒绝赔偿。

（三）受害者过错或故意

在环境侵权纠纷中，受害人过错或故意也被定为侵权人减责或免责条件之一。《民法典》第一千一百七十四条规定，损害是因受害人故意造成的，行为人不承担责任。《水污染防治法》第九十六条第三款也对这一免责条件作出规定：水污染损害是由受害人故意造成的，排污方不承担赔偿责任。水污染损害是由受害人重大过失造成的，可以减轻排污方的赔偿责任。即“受害者故意”可以成为环境侵权案件中“无过错责任”归责原则的例外。但是，这一免责条款需要满足一定条件，即受害者故意应为造成环境污染的直接原因，如排污者自身存在过错，则也应承担相应责任，不能完全免责。

① 将于2021年1月1日生效的《民法典》将本条改为其第一千二百三十三条。

（四）战争等行为

《海洋环境保护法》第九十一条规定了战争是造成海洋环境污染的免责条件之一，即完全由于战争，经过及时采取合理措施，仍然不能避免对海洋环境造成污染损害的，造成污染损害的有关责任者免予承担责任。《民法典》第一千二百三十七条规定，民用核设施或者运入运出核设施的核材料发生核事故造成他人损害的，民用核设施的营运单位应当承担侵权责任；但是，能够证明损害是因战争、武装冲突、暴乱等情形或者受害人故意造成的，不承担责任。

三、共同侵权责任

无论是同时的排污行为，还是先后的排污行为，在加害人众多的情况下，很难明确地区分各个加害人的行为及引发损害结果的比例。一是因为排放的累积效应，比如同一流域上的多家工厂在岸边设置了排污口，即使每一家都达标排放，但是当该流域水体的环境容量饱和，短期内丧失自净能力时，任何一点多余的排放可能都会成为“压死骆驼的最后一根稻草”；二是叠加效应，污染物的种类因原材料、生产工艺等各异，当不同种类的物质相遇，很有可能发生化学反应，因此当多个排放行为进入到同一介质，可能不仅会有量的增加，还会有质的变化，形成叠加效应。

对于共同环境侵权责任的承担方式，《民法典》第一千二百三十一条进行了规定，“两个以上侵权人污染环境、破坏生态的，承担责任的大小，根据污染物的种类、浓度、排放量，破坏生态的方式、范围、程度，以及行为对损害后果所起的作用等因素确定。”在共同侵权的民事责任中，有两种承担方式：

一是连带责任，《民法典》第一千一百六十八条规定：“二人以上共同实施侵权行为，造成他人损害的，应当承担连带责任。”《民法典》第一千一百七十一条规定：“二人以上分别实施侵权行为造成同一损害，每个人的侵权行为都足以造成全部损害的，行为人承担连带责任。”法律规定承担连带责任的，被侵权人有权请求部分或者全部连带责任人承担责任。

二是按份责任，《民法典》第一千一百七十二条规定：“二人以上分别实施侵权行为造成同一损害，能够确定责任大小的，各自承担相应的责任；难以确定责任大小的，平均承担赔偿责任。”

如果还是区分不清楚，《最高人民法院关于审理环境侵权责任纠纷案件适用法律若干问题的解释》有详细的规定：

第二条 两个以上侵权人共同实施污染环境、破坏生态行为造成损害，被侵权人根据民法典第一千一百六十八条规定请求侵权人承担连带责任的，人民法院应予支持。

第三条 两个以上侵权人分别实施污染环境、破坏生态行为造成同一损害，每一个侵权人的污染环境、破坏生态行为都足以造成全部损害，被侵权人根据民法典第一千一百七十一条规定请求侵权人承担连带责任的，人民法院应予支持。

两个以上侵权人分别实施污染环境、破坏生态行为造成同一损害，每一个侵权人的污染环境、破坏生态行为都不足以造成全部损害，被侵权人根据民法典第一千一百七十二条规定请求侵权人承担责任的，人民法院应予支持。

两个以上侵权人分别实施污染环境、破坏生态行为造成同一损害，部分侵权人的污染环境、破坏生态行为足以造成全部损害，部分侵权人的污染环境、破坏生态行为只造成部分损害，被侵权人根据民法典第一千一百七十一条规定请求足以造成全部损害的侵权人与其他侵权人就共同造成的损害部分承担连带责任，并对全部损害承担责任的，人民法院应予支持。

第四条 两个以上侵权人污染环境、破坏生态，对侵权人承担责任的大小，人民法院应当根据污染物的种类、浓度、排放量、危害性，有无排污许可证、是否超过污染物排放标准、是否超过重点污染物排放总量控制指标，破坏生态的方式、范围、程度，以及行为对损害后果所起的作用等因素确定。

四、生态环境损害赔偿

《固体废物污染环境防治法》第一百二十二条规定，固体废物污染环境、破坏生态给国家造成重大损失的，由设区的市级以上地方人民政府或者其指定的部门、机构组织与造成环境污染和生态破坏的单位和其他生产经营者进行磋商，要求其承担损害赔偿责任；磋商未达成一致的，可以向人民法院提起诉讼。对于执法过程中查获的无法确定责任人或者无法退运的固体废物，由所在地县级以上地方人民政府组织处理。

《民法典》第一千二百三十四条规定，违反国家规定造成生态环境损害，生态环境能够修复的，国家规定的机关或者法律规定的组织有权请求侵权人在合理期限内承担修复责任。侵权人在期限内未修复的，国家规定的机关或者法律规定的组织可以自行或者委托他人进行修复，所需费用由侵权人负担。第一千二百三十五条进一步规定，违反国家规定造成生态环境损害的，国家规定的机关或者法律规定的组织有权请求侵权人赔偿下列损失和费用：（一）生态环境受到损害至修复完成期间服务功能丧失导致的损失；（二）生态环境功能永久性损害造成的损失；（三）生态环境损害调查、鉴定评估等费用；（四）清除污染、修复生态环境费用；（五）防止损害的发生和扩大所支出的合理费用。

为正确审理生态环境损害赔偿案件，严格保护生态环境，依法追究损害生态环境责任者的赔偿责任，依据《中华人民共和国环境保护法》《中华人民共和国民事诉讼法》等法律的规定，结合审判工作实际，最高人民法院于2009年制定了《关于审理生态环境损害赔偿案件的若干规定（试行）》，并于2020年予以修正。

五、惩罚性赔偿

《民法典》第一千二百三十二条规定："侵权人违反法律规定故意污染环境、破坏生态造成严重后果的，被侵权人有权请求相应的惩罚性赔偿。"被侵权人请求相应的惩罚性赔偿需满足以下两个前提：一是侵权人违反法律规定故意污染环境、破坏生态；二是侵权人污染环境、破坏生态造成了严重后果。

六、环境侵权责任的承担方式

环境侵权责任的承担方式，是指加害人因侵权承担责任的主要形式，包括赔偿损失、赔礼道歉、停止侵害、排除妨碍、消除危险、恢复原状等。《环境保护法》第六十四条规定，因污染环境和破坏生态造成损害的，应当依照《中华人民共和国侵权责任法》[①]的有关规定承担侵权责任。环境侵权是一种特殊的侵权类型，受到侵害的客体通常是一定区域范围内不特定多数人，包括财产权益、人体生命和健康

① 根据《民法典》第一千二百六十条规定，《中华人民共和国侵权责任法》已于2021年1月1日起废止。

权益以及环境公共利益。有的是已经形成了损害的客观事实，但有的是处于一种可能状态，虽然损失尚未发生，但极有可能发生。

因此，环境侵权民事责任的多种形式，更有利于受害人及时进行权利救济。《大气污染防治法》第一百二十五条、《水污染防治法》第九十六条、《海洋环境保护法》第八十九条、《环境噪声污染防治法》第六十一条等环境法律法规均规定了环境侵权责任的承担方式。上述规定中，停止侵害、排除妨碍、消除危险和赔偿损失这四种形式是较有效的救济工具，其中的停止侵害、排除妨碍、消除危险均属于预防损害发生的“即时”方式，统称预防类方式，如能有效使用，可最大限度地预防和及时制止、减少损害结果的发生。

司法实践中，以赔偿损失较为常见。赔偿损失，是行为人因其环境侵权行为而给他人造成人身和财产权益的损害，应以其财产赔偿受害人所受的损失。由于环境侵权具有相当的隐蔽性，在侵权的早期往往不易被发现，待人们有所察觉时为时已晚，其财产、健康甚至生命已遭受严重损害。所以，赔偿损失就成为环境侵权民事责任中广泛适用的一种责任形式，也是最基本的一种责任形式。对于环境污染，造成他人人身和财产损失的行为，受害人都可以向加害人提出经济赔偿的要求。

损失可以分为以下两类：一是人身损害。根据《民法典》第一千一百七十九条的规定，侵害他人造成人身损害的，应当赔偿医疗费、护理费、交通费、营养费、住院伙食补助费等为治疗和康复支出的合理费用，以及因误工减少的收入。造成残疾的，还应当赔偿辅助器具费和残疾赔偿金。造成死亡的，还应当赔偿丧葬费和死亡赔偿金。二是财产损失。指因环境侵权行为造成的一切财产损失。

值得注意的是，采用赔偿损失这一民事责任形式，应以给受害人造成实际的财产损失或人身损害为前提，如未造成实际的损害，则不可采用此种责任形式。另外，环境污染可能会造成他人精神损害，依据《最高人民法院关于确定民事侵权精神损害赔偿责任若干问题的解释》的规定，因人身权益或者具有人身意义的特定物受到侵害，自然人或者其近亲属向人民法院提起诉讼请求精神损害赔偿的，人民法院应当依法予以支持。

另外还有排除危害。其是指消除污染环境、生态破坏所带来的危害后果。它实际上是一种综合性的民事责任形式，其本质是一种预防性的民事责任承担方式。根据环境污染、生态破坏所带来的危害后果的不同，排除危害分别是停止侵害、排除妨碍、消除危险等民事责任形式。排除危害对于保护环境侵权行为的受害人来说，有着特殊的意义，及时消除危险，排除隐患。

七、环境侵权诉讼

（一）诉讼时效

《环境保护法》第六十六条规定，提起环境损害赔偿诉讼的时效期间为三年[①]，从当事人知道或者应当知道其受到损害时起计算。

① 已于2021年1月1日起生效的《民法典》第一百八十八条也规定，向人民法院请求保护民事权利的诉讼时效期间为三年。

（二）举证责任

在环境侵权案件中，实行的是举证责任倒置的规则。由侵权人就污染环境、破坏生态行为与损害之间不存在因果关系承担举证责任。根据《最高人民法院关于民事诉讼证据的若干规定》第四条第三款第三项："因环境污染引起的损害赔偿诉讼，由加害人就法律规定的免责事由及其行为与损害结果之间不存在因果关系承担举证责任。"《最高人民法院关于审理环境侵权责任纠纷案件适用法律若干问题的司法解释》第六条明确规定："被侵权人根据民法典第七编第七章的规定请求赔偿的，应当提供证明以下事实的证据材料：（一）侵权人排放了污染物或者破坏了生态；（二）被侵权人的损害；（三）侵权人排放的污染物或者其次生污染物、破坏生态行为与损害之间具有关联性。"第七条规定："侵权人举证证明下列情形之一的，人民法院应当认定其污染环境、破坏生态行为与损害之间不存在因果关系：（一）排放污染物、破坏生态的行为没有造成该损害可能的；（二）排放的可造成该损害的污染物未到达该损害发生地的；（三）该损害于排放污染物、破坏生态行为实施之前已发生的；（四）其他可以认定污染环境、破坏生态行为与损害之间不存在因果关系的情形。"由于环境侵权案件中，往往存在原被告社会地位、经济实力相差较大因素，所以采取"举证责任倒置”原则，在举证方面，原被告的证明标准也存在不同，“在环境侵权诉讼中，在因果关系、免责事由证明方面，对于原告适用较高程度盖然性标准，对于被告适用高度盖然性标准；而在其他证明对象方面，如污染行为损害事实等方面则对原被告适用相同的证明标准；在特殊情况下，甚至可以适用低度盖然性标准。”①

也就是说，对于被告的证明标准要求是高于原告的，原告只需证明污染行为与损害结果之间存在关联性即可，更符合公平原则。

在生态损害赔偿案件中，主流意见认为，由权利人承担因果关系举证责任更为合适，在环境侵权中，将因果关系举证责任分配给侵权人，主要是考虑到受害人在经济上和专业知识上的不足，侵权人更有举证能力，据此推论，在生态环境损害赔偿诉讼中，国家机关和有关组织作为原告，其实力与环境侵权人相比，显然更为强大，不仅有公共财政作为支撑，人员、技术能力也更为专业，完全由能力对因果关系进行举证。②

（三）环境民事公益诉讼的相关问题

依据《民事诉讼法》第五十五条对环境民事公益诉讼起诉主体的界定，环境民事公益诉讼的原告在形式上有“法律规定的机关”和“有关组织”两大类。

“有关组织”的界定，环境民事公益诉讼的原告必须同时满足以下 3 个条件方可适格：（1）本身为社会团体、民办非企业单位或基金会；（2）依法在设区的市级以上人民政府民政部门登记；（3）专门从事环保公益活动，并且连续五年以上无违法记录。其中，社会组

① 沈德咏 . 最高人民法院研究室、最高人民法院环境资源审判庭 . 最高人民法院环境侵权责任纠纷诉讼司法解释理解与适用 . 北京：人民法院出版社，2016:100-101.

② 黄薇 . 中华人民共和国民法典释义及适用指南 . 北京：中国民主法制出版社，2020：1886.

织是否专门从事环保公益活动依据其组织章程宗旨和业务范围确定。

“法律规定的机关”的界定，需结合其他法律来明确。比如根据《海洋环境保护法》第八十九条第二款，行使海洋环境监督管理权的部门可代表国家对破坏海洋生态、海洋水产资源、海洋保护区，给国家造成重大损失的责任者提出损害赔偿要求；依据2017年修订的《民事诉讼法》，检察机关亦可以提起环境民事公益诉讼。因此，目前有两类机关可以提起，即海洋环境监管部门对海洋生态环境提起的公益诉讼和检察机关对环境污染和生态破坏提起的公益诉讼。

1. 社会组织作为原告

《最高人民法院关于审理环境民事公益诉讼案件适用法律若干问题的解释》第四条进一步明确了“专门从事环境保护公益活动”，规定“社会组织章程确定的宗旨和主要业务范围是维护社会公共利益，且从事环境保护公益活动的，可以认定为环境保护法第五十八条规定的‘专门从事环境保护公益活动’。社会组织提起的诉讼所涉及的社会公共利益，应与其宗旨和业务范围具有关联性”。

2. 检察机关作为原告

2017年修订的《民事诉讼法》第五十五条增加一款，规定：“人民检察院在履行职责中发现破坏生态环境和资源保护、食品药品安全领域侵害众多消费者合法权益等损害社会公共利益的行为，在没有前款规定的机关和组织或者前款规定的机关和组织不提起诉讼的情况下，可以向人民法院提起诉讼。前款规定的机关或者组织提起诉讼的，人民检察院可以支持起诉。”

当然，检察机关提起公益诉讼有一个前置程序。《最高人民法院、最高人民检察院关于检察公益诉讼案件适用法律若干问题的解释》第十三条规定：“人民检察院在履行职责中发现破坏生态环境和资源保护，食品药品安全领域侵害众多消费者合法权益，侵害英雄烈士等的姓名、肖像、名誉、荣誉等损害社会公共利益的行为，拟提起公益诉讼的，应当依法公告，公告期间为三十日。公告期满，法律规定的机关和有关组织、英雄烈士等的近亲属不提起诉讼的，人民检察院可以向人民法院提起诉讼。人民检察院办理侵害英雄烈士等的姓名、肖像、名誉、荣誉的民事公益诉讼案件，也可以直接征询英雄烈士等的近亲属的意见。”但该条适用存在例外。人民检察院对破坏生态环境和资源保护的犯罪行为提起刑事诉讼时，可以向人民法院一并提起附带民事公益诉讼，由人民法院同一审判组织审理。

3. 环境民事公益诉讼中被告的应诉和证据准备

根据一般环境侵权案件的特殊举证规则，被告应当就法律规定的不承担责任或者减轻责任的情形及其行为与损害之间不存在因果关系承担举证责任。

（1）证明行为人无责任的证据

未排放污染物或排放不足以致害及不足以到达损害地点的行为与后果，包括企业生产记录、排污申报、监测报告、排放记录等。或不具有因果关系的证据，如行政部门的调查报告、鉴定报告、专家意见，说明损害结果是行为人以外的原因所致，或是因不可抗力原因所致，经采取合理及时措施，仍不能避免。

（2）证明行为人减轻责任的证据

同一区域内有其他企业排放同类污染物，从污染物种类、排放量，是否达标几个方面准备，包括但不限于企业公开的污染物信息、音像资料、照片等。

PART 4

第四章

最常见的环境行政违法行为有哪些？

一、违反建设项目环境影响评价制度的法律风险①

（一）建设项目环境影响评价的范围

根据《环境影响评价法》第一条规定，凡从事对环境可能造成不良影响的建设项目，都必须依法执行环境影响评价制度。建设项目是指：固定资产投资方式进行的一切开发建设活动，包括国有经济、城乡集体经济、联营、股份制、外资、港澳台投资、个体经济和其他各种不同经济类型的开发活动。

（二）建设项目环境影响评价的分类管理

国家根据建设项目对环境的影响程度，对建设项目的环境影响评价实行分类管理。《环境影响评价法》第十六条对建设项目环境影响评价的分类管理作了如下规定：（1）建设项目对环境可能造成重大影响的，应当编制环境影响报告书，对建设项目产生的污染和对环境的影响进行全面、详细的评价。（2）建设项目对环境可能造成轻度影响的，应当编制环境影响报告表，对建设项目产生的污染和对环境的影响进行分析或者专项评价。（3）建设项目对环境影响很小，不需要进行环境影响评价的，应当填报环境影响登记表。

（三）环境影响评价中的公众参与

《环境保护法》第五十六条规定，对依法应当编制环境影响报告书的建设项目，建设单位应当在编制时向可能受影响的公众说明情况，充分征求意见。负责审批建设项目环境影响评价文件的部门在收到建设项目环境影响报告书后，除涉及国家秘密和商业秘密的事项外，应

---

① 根据《环境影响评价法》和《规划环境影响评价条例》的规定，我国环境影响评价的适用范围包括对各级人民政府组织编制的规划（包括专项规划）以及对环境有影响的建设项目。也就是说，环境影响评价的对象分为规划和建设项目两大类。

当全文公开；发现建设项目未充分征求公众意见的，应当责成建设单位征求公众意见。《大气污染防治法》第十八条规定，企业事业单位和其他生产经营者建设对大气环境有影响的项目，应当依法进行环境影响评价、公开环境影响评价文件；向大气排放污染物的，应当符合大气污染物排放标准，遵守重点大气污染物排放总量控制要求。《建设项目环境保护管理条例》第十四条规定，建设单位编制环境影响报告书，应当依照有关法律规定，征求建设项目所在地有关单位和居民的意见。2006 年 3 月，国家环境保护总局颁布中国环保领域第一部公众参与的规范性文件——《环境影响评价公众参与暂行办法》，详细规定了公众参与环境影响评价的范围、程序、组织形式等内容。

（四）建设项目环境影响评价的后评价及跟踪检查

《环境影响评价法》第二十七条和第二十八条对建设项目环境影响评价的后评价及跟踪检查作了如下规定：（1）建设项目在建设、运行过程中产生不符合经审批的环境影响评价文件的情形的，建设单位应当组织环境影响的后评价，采取改进措施，并报原环境影响评价文件审批部门和建设项目审批部门备案；原环境影响评价文件审批部门也可以责成建设单位进行环境影响的后评价，采取改进措施；（2）生态环境主管部门应当对建设项目投入生产或者使用后所产生的环境影响进行跟踪检查，对造成严重环境污染或者生态破坏的，应当查清原因、查明责任。

为规范建设项目环境影响后评价工作，环境保护部根据《环境影响评价法》制定的《建设项目环境影响后评价管理办法（试行）》已于 2015 年 12 月 10 日公布，自 2016 年 1 月 1 日起施行。

（五）违反环境影响评价制度的法律风险

《环境影响评价法》第三十一条规定："建设单位未依法报批建

设项目环境影响报告书、报告表，或者未依照本法第二十四条的规定重新报批或者报请重新审核环境影响报告书、报告表，擅自开工建设的，由县级以上生态环境主管部门责令停止建设，根据违法情节和危害后果，处建设项目总投资额百分之一以上百分之五以下的罚款，并可以责令恢复原状；对建设单位直接负责的主管人员和其他直接责任人员，依法给予行政处分。建设项目环境影响报告书、报告表未经批准或者未经原审批部门重新审核同意，建设单位擅自开工建设的，依照前款的规定处罚、处分。建设单位未依法备案建设项目环境影响登记表的，由县级以上生态环境主管部门责令备案，处五万元以下的罚款。海洋工程建设项目的建设单位有本条所列违法行为的，依照《中华人民共和国海洋环境保护法》的规定处罚。”

1.“未批先建”行为的法律风险

建设项目的环境影响评价文件未依法经审批部门审查或者审查后未予批准的，建设单位不得开工建设。

（1）“未批先建”行为的认定

未批先建包括两种情形：第一，建设项目环境影响报告书、环境影响报告表未依法报批或者报请重新审核，擅自开工建设的。依法应当编制环境报告书、环境报告表的建设项目，建设单位应当在开工建设前将环境影响报告书、环境影响报告表报有审批权的生态环境主管部门审批；建设项目的环境影响评价文件未依法经审批部门审查或者审查后未予批准的，建设项目不得开工建设；建设项目环境影响报告书、环境影响报告表经批准后，建设项目的性质、规模、地点、采用的生产工艺或者防治污染、防止生态破坏的措施发生重大变动的，应当重新报批环评文件；建设项目环境影响报告书、环境影响报告表经批准之日起5年内，建设项目方开工建设的，其环境影响报告书、环境影响报告表应当向有审批权的生态环境主管部门重新报批或者报原审批部门重新审核。相应地，如果存在下列情形之一，就属于违法开工建设：一是建设单位未依法报批建设项目环境影响报告书、报告表；二是建设项目的性质、规模、地点、采用的生产工艺或者防治污染、防止生态破坏的措施发生重大变动，或者自环评文件批准后超过5年方决定开工建设，未依法重新报批、审核的。第二，建设项目环境影响报告书、环境影响报告表未经批准或者重新审核同意，擅自开工建设的。建设单位虽然履行了上述义务，已申请报批或者重新报批环境影响评价文件，但提交的环境影响评价文件尚未获得批准，或者生态环境部门在收到重新审核申请后明确通知其审核不予通过的，建设单位仍然开工建设，也属于“未批先建”，生态环境主管部门应当依照《环境影响评价法》第三十一条予以处罚。

（2）责令停止建设

责令停止建设的适用前提是已经擅自开工建设，但尚未全部完工的建设项目。生态环境主管部门发现已建成投产的建设项目违反环境影响评价制度的，应当及时责令停止建设，防止危害的发生和扩大。

（3）罚款

2018年8月27日，国家发改委、生态环境部《关于生态环境执法中建设项目“总投资额”认定问题的指导意见（试行）》（环政法〔2018〕85号）现就生态环境执法中作为处罚基准的建设项目总投资额认定问题，提出以下意见：

一、对实行审批制管理的政府投资项目，已经取得建设项目审批文件的，可以根据与该建设项目所处进度对应的有关审批文件中的投资匡算、投资估算或者投资概算认定总投资额。

二、对实行核准制管理的企业投资项目，已经取得建设项目核准文件的，可以根据该建设项目核准文件确定的投资规模认定总投资额。

三、对实行备案制管理的企业投资项目，可以根据备案的项目总投资额认定。

四、有下列情形之一的建设项目，有关行使行政处罚权的主管部门可以委托工程咨询单位、资产评估机构、会计师事务所等专业机构进行评估确定其总投资额：

（一）备案的项目总投资额与实际情况存在明显差异的；

（二）未经审批、核准、备案的；

（三）产业政策禁止投资建设的。

地方有关行使行政处罚权的主管部门可以根据实际情况，探索采取要求建设单位有关责任人出具证明文件、第三方询价等方式对建设项目总投资额进行认定。

五、对正在建设过程中的建设项目，不能根据建设项目在建设过程中实际发生的投资额认定该建设项目总投资额。

六、对已经全部建成并投入生产或者使用的建设项目，项目单位能够证明项目实际投资额与审批、核准文件或者备案信息不一致的，根据该建设项目实际全部投资额认定总投资额。

就建设项目总投资额认定中的具体问题，生态环境部在征求国家发展改革委意见后，2019年4月1日函复河南省生态环境厅①。具体内容为：

一是关于分期建设的建设项目总投资额认定。

建设项目在发展改革部门按一个建设项目进行核准、备案，但实际中分期建设的，对项目开工前已取得核准、备案文件，且核准、备案文件中明确说明该项目是分期建设的，可以依据《关于生态环境执

① 生态环境部办公厅关于建设项目总投资额认定有关意见的复函（环办法规函〔2019〕338号）。

法中建设项目“总投资额”认定问题的指导意见（试行）》（环政法〔2018〕85号，以下简称《指导意见》），以当期工程总投资额作为处罚依据；对项目核准、备案文件中未明确该项目是分期建设的，应当以发展改革部门核准、备案的建设项目总投资额作为处罚依据。

二是关于已经基本建成尚未投入生产或者使用的建设项目总投资额认定。

建设项目基本建成但未全部建成，尚未投入生产或者使用的，属于仍处于建设过程中，应当依据《指导意见》第五条、第六条，认定其总投资额。

《指导意见》第五条规定，对正在建设过程中的建设项目，不能根据建设项目在建设过程中实际发生的投资额认定该建设项目总投资额。

第六条规定，对已经全部建成并投入生产或者使用的建设项目，项目单位能够证明项目实际投资额与审批、核准文件或者备案信息不一致的，根据该建设项目实际全部投资额认定总投资额。

（4）责令恢复原状

“责令恢复原状”本身是一个可选项，裁量权在执法部门。该规定一般用于情节恶劣、环境危害较大、严重不符合环保要求或者经改造仍无法达标排放的项目。具体而言，从节约社会成本的角度出发，对于违法性质不严重、违法情节轻微、预计可以按照正常程序通过环评审批的项目，可以在停止施工后暂时维持现状，但必须同时采取相应的施工期环保措施，等待环评文件审查结果再决定是否责令恢复原状。对于违法情节严重、危害后果巨大，或者被查处后仍拒不申请环评，以及环评申请未获得批准的，应当责令当事人恢复原状。

此外，对于被“责令恢复原状”后拒不恢复原状的，应当如何处理，环境影响评价法未作规定，但依照《行政强制法》第五十条、第五十二条的规定，这种情况下生态环境主管部门可以代当事人恢复原状，也可以委托没有利害关系的第三人代当事人恢复原状，所需费用由当事人承担。

（5）行政拘留

除了上述处罚以外，《环境保护法》第六十三条第一项规定，建设项目未依法进行环境影响评价，被责令停止建设，拒不执行的，除依照有关法律法规规定予以处罚外，由生态环境主管部门将案件移送公安机关，对其直接负责的主管人员和其他直接责任人员，处10日以上15日以下拘留；情节较轻的，处5日以上10日以下拘留。因此，对于未批先建，被责令停止建设，而拒不执行的行为，还应当对其直接负责的主管人员和其他直接责任人员并处行政拘留。

《行政主管部门移送适用行政拘留环境违法案件暂行办法》（公治〔2014〕853号）第三条规定："《环境保护法》第六十三条第一项规定的建设项目未依法进行环境影响评价，被责令停止建设，拒不执行的行为，包括以下情形：（一）送达责令停止建设决定书后，再次检查发现仍在建设的；（二）现场检查时虽未建设，但有证据证明在责令停止建设期间仍在建设的；（三）被责令停止建设后，拒绝、阻扰环境保护主管部门或者其他负有环境保护监督管理职责的部门核查的。"

2. 违反环境影响登记表备案制度的法律风险

依法应当填报环境影响登记表的建设项目，建设单位应当按照国务院生态环境主管部门的规定将环境影响登记表报建设项目所在地生态环境主管部门备案。

建设单位是履行建设项目环境影响登记表备案手续的责任主体。建设单位应在建设项目建成投运前，如实填写环境影响登记表提交生态环境主管部门，对提交的环境影响登记表的真实性、完整性、准确性负责，同时对环境影响登记表的真实性、完整性、准确性以及建设项目符合规定作出承诺。备案完成后，建设单位应当严格执行相应污染物排放标准及相关环境管理规定，落实建设项目环境影响登记表中采取的环境保护措施，有效防治环境污染和生态破坏。

建设单位未依法备案建设项目环境影响登记表的，由生态环境主管部门责令备案，处五万元以下的罚款。需要说明的是，如果按照建设项目类型，应当编制环境影响报告书、报告表，而建设单位只填报备案了环境影响登记表的，或者填报备案了环境影响登记表的建设项目在施工过程中发生变化，按照规定需要编制环境影响报告书、报告表而未编制并获批的，也属于"未批先建"，应当按照《环境影响评价法》第三十一条第一款、第二款的规定处罚。

3. 海洋工程建设项目违反环境影响评价制度的法律风险

海洋工程建设项目的建设单位有本条所列违法行为的，依照《中华人民共和国海洋环境保护法》的规定处罚。

《海洋环境保护法》第四十七条第一款规定："海洋工程建设项目必须符合全国海洋主体功能区规划、海洋功能区划、海洋环境保护规划和国家有关环境保护标准。海洋工程建设项目单位应当对海洋环境进行科学调查，编制海洋环境影响报告书（表），并在建设项目开工前，报海洋行政主管部门审查批准。"第八十二条规定："违反本法第四十七条第一款的规定，进行海洋工程建设项目的，由海洋行政主管部门责令其停止施工，根据违法情节和危害后果，处建设项目总投资额百分之一以上百分之五以下的罚款，并可以责令恢复原状。"

二、违反"三同时"制度的法律风险

建设项目需要配套建设的环境保护设施，必须与主体工程同时设计、同时施工、同时投产使用。"三同时"制度是具有中国特色的环境管理制度，与环境影响评价制度一起构成了建设项目管理的两个环节，紧密相关，是体现"预防为主"原则的重要法律制度。"三同时"制度是建设项目实施阶段的管理手段，是落实环境影响评价的措施。

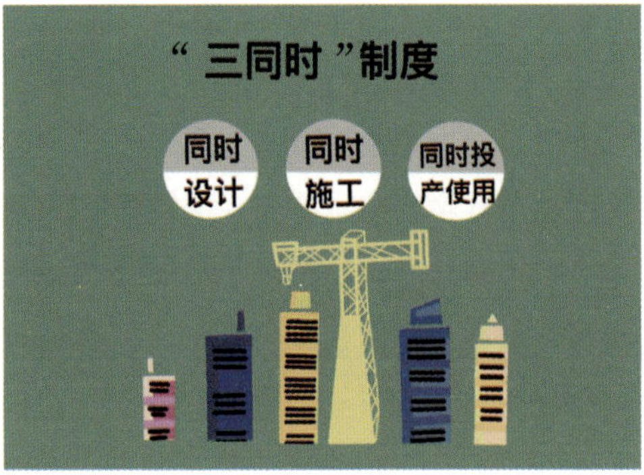

（一）未同时设计、未同时施工的法律风险

建设项目的初步设计，应当按照环境保护设计规范的要求，编制环境保护篇章，落实防治环境污染和生态破坏的措施以及环境保护设施投资概算。

建设单位应当将环境保护设施建设纳入施工合同，保证环境保护设施建设进度和资金，并在项目建设过程中同时组织实施环境影响报告书、环境影响报告表及其审批部门审批决定中提出的环境保护对策措施。

违反《建设项目环境保护管理条例》规定，建设单位编制建设项目初步设计未落实防治环境污染和生态破坏的措施以及环境保护设施投资概算，未将环境保护设施建设纳入施工合同，或者未依法开展环境影响后评价的，由建设项目所在地生态环境主管部门责令限期改正，处 5 万元以上 20 万元以下的罚款；逾期不改正的，处 20 万元以上 100 万元以下的罚款。

违反《建设项目环境保护管理条例》规定，建设单位在项目建设过程中未同时组织实施环境影响报告书、环境影响报告表及其审批部门审批决定中提出的环境保护对策措施的，由建设项目所在地生态环境主管部门责令限期改正，处 20 万元以上 100 万元以下的罚款；逾期不改正的，责令停止建设。

（二）未同时投产使用的法律风险

编制环境影响报告书、环境影响报告表的建设项目竣工后，建设单位应当按照国务院环境主管部门规定的标准和程序，对配套建设的环境保护设施进行验收，编制验收报告。建设单位在环境保护设施验收过程中，应当如实查验、监测、记载建设项目环境保护设施的建设和调试情况，不得弄虚作假。除按照国家规定需要保密的情形外，建

设单位应当依法向社会公开验收报告。分期建设、分期投入生产或者使用的建设项目，其相应的环境保护设施应当分期验收。

编制环境影响报告书、环境影响报告表的建设项目，其配套建设的环境保护设施经验收合格后，方可投入生产或者使用；未经验收或者验收不合格的，不得投入生产或者使用。违反《建设项目环境保护管理条例》规定，需要配套建设的环境保护设施未建成、未经验收或者验收不合格，建设项目投入生产或者使用，或者在环境保护设施验收中弄虚作假的，由生态环境主管部门责令限期改正，处20万元以上100万元以下的罚款；逾期不改正的，处100万元以上200万元以下的罚款；对直接负责的主管人员和其他责任人员，处5万元以上20万元以下的罚款；造成重大环境污染或者生态破坏的，责令停止生产或者使用，或者报经有批准权的人民政府批准，责令关闭。违反《建设项目环境保护管理条例》规定，建设单位未依法向社会公开环境保护设施验收报告的，由生态环境主管部门责令公开，处5万元以上20万元以下的罚款，并予以公告。

三、违反排污许可管理制度的法律风险

（一）排污许可管理制度的相关立法进程

在立法层面上，我国2014年修订的《环境保护法》、2015年修

订的《大气污染防治法》、2017 年修正的《水污染防治法》、2020 年修订的《固体废物污染环境防治法》等均明确提出实行排污许可管理制度，并对排污单位提出了严厉的法律责任，但总体来说规定地还是比较笼统，在具体的操作上欠缺指导性。为了推进排污许可的改革，规范排污许可制度的管理，2016 年 12 月 23 日原环境保护部出台我国排污许可制度的首个规范性文件——《排污许可证管理暂行规定》①。为进一步夯实排污许可制度的法律体系，原环境保护部在《排污许可证管理暂行规定》的基础上制定并于 2018 年 1 月 17 日正式发布《排污许可管理条例》。2021 年 1 月 24 日，国务院公布《排污许可管理条例》（国务院令第 736 号），自 2021 年 3 月 1 日起施行。

（二）违反排污许可管理制度的法律风险

表 4-1　违反排污许可管理制度的主要违法行为及相应法律责任

序号	事项名称	处罚依据	法律责任
1	违反本条例规定，未取得排污许可证排放污染物的	《排污许可管理条例》第三十三条第（一）项	由生态环境主管部门责令改正或者限制生产、停产整治，处 20 万元以上 100 万元以下的罚款；情节严重的，报经有批准权的人民政府批准，责令停业、关闭。
2	违反本条例规定，排污许可证有效期届满未申请延续或者延续申请未经批准排放污染物的	《排污许可管理条例》第三十三条第（二）项	
3	违反本条例规定，被依法撤销、注销、吊销排污许可证后排放污染物的	《排污许可管理条例》第三十三条第（三）项	
4	违反本条例规定，依法应当重新申请取得排污许可证，未重新申请取得排污许可证排放污染物的	《排污许可管理条例》第三十三条第（四）项	

① 2018 年 8 月 17 日，《关于印发〈排污许可证管理暂行规定〉的通知》（环水体〔2016〕186 号）废止。

序号	事项名称	处罚依据	法律责任
5	违反本条例规定，超过许可排放浓度、许可排放量排放污染物	《排污许可管理条例》第三十四条第（一）项	由生态环境主管部门责令改正或者限制生产、停产整治，处20万元以上100万元以下的罚款；情节严重的，吊销排污许可证，报经有批准权的人民政府批准，责令停业、关闭
6	违反本条例规定，通过暗管、渗井、渗坑、灌注或者篡改、伪造监测数据，或者不正常运行污染防治设施等逃避监管的方式违法排放污染物	《排污许可管理条例》第三十四条第（二）项	
7	违反本条例规定，未按照排污许可证规定控制大气污染物无组织排放的	《排污许可管理条例》第三十五条第（一）项	由生态环境主管部门责令改正，处5万元以上20万元以下的罚款；情节严重的，处20万元以上100万元以下的罚款，责令限制生产、停产整治
8	违反本条例规定，特殊时段未按照排污许可证规定停止或者限制排放污染物的	《排污许可管理条例》第三十五条第（二）项	
9	违反本条例规定，污染物排放口位置或者数量不符合排污许可证规定的	《排污许可管理条例》第三十六条第（一）项	由生态环境主管部门责令改正，处2万元以上20万元以下的罚款；拒不改正的，责令停产整治
10	违反本条例规定，污染物排放方式或者排放去向不符合排污许可证规定的	《排污许可管理条例》第三十六条第（二）项	
11	违反本条例规定，损毁或者擅自移动、改变污染物排放自动监测设备的	《排污许可管理条例》第三十六条第（三）项	
12	违反本条例规定，未按照排污许可证规定安装、使用污染物排放自动监测设备并与生态环境主管部门的监控设备联网，或者未保证污染物排放自动监测设备正常运行的	《排污许可管理条例》第三十六条第（四）项	
13	违反本条例规定，未按照排污许可证规定制定自行监测方案并开展自行监测的	《排污许可管理条例》第三十六条第（五）项	

序号	事项名称	处罚依据	法律责任
14	违反本条例规定，未按照排污许可证规定保存原始监测记录的	《排污许可管理条例》第三十六条第（六）项	由生态环境主管部门责令改正，处 2 万元以上 20 万元以下的罚款；拒不改正的，责令停产整治
15	违反本条例规定，未按照排污许可证规定公开或者不如实公开污染物排放信息的	《排污许可管理条例》第三十六条第（七）项	
16	违反本条例规定，发现污染物排放自动监测设备传输数据异常或者污染物排放超过污染物排放标准等异常情况不报告的	《排污许可管理条例》第三十六条第（八）项	
17	违反本条例规定，违反法律法规规定的其他控制污染物排放要求的行为的	《排污许可管理条例》第三十六条第（九）项	
18	违反本条例规定，未建立环境管理台账记录制度，或者未按照排污许可证规定记录的	《排污许可管理条例》第三十七条第（一）项	由生态环境主管部门责令改正，处每次 5 千元以上 2 万元以下的罚款；法律另有规定的，从其规定
19	违反本条例规定，未如实记录主要生产设施及污染防治设施运行情况或者污染物排放浓度、排放量的	《排污许可管理条例》第三十七条第（二）项	
20	违反本条例规定，未按照排污许可证规定提交排污许可证执行报告的	《排污许可管理条例》第三十七条第（三）项	
21	违反本条例规定，未如实报告污染物排放行为或者污染物排放浓度、排放量的	《排污许可管理条例》第三十七条第（四）项	
22	排污单位拒不配合生态环境主管部门监督检查，或者在接受监督检查时弄虚作假的	《排污许可管理条例》第三十九条	由生态环境主管部门责令改正，处 2 万元以上 20 万元以下的罚款
23	排污单位以欺骗、贿赂等不正当手段申请取得排污许可证的	《排污许可管理条例》第四十条	由审批部门依法撤销其排污许可证，处 20 万元以上 50 万元以下的罚款，3 年内不得再次申请排污许可证

序号	事项名称	处罚依据	法律责任
24	违反本条例规定，伪造、变造、转让排污许可证的	《排污许可管理条例》第四十一条	由生态环境主管部门没收相关证件或者吊销排污许可证，处 10 万元以上 30 万元以下的罚款，3 年内不得再次申请排污许可证
25	违反本条例规定，接受审批部门委托的排污许可技术机构弄虚作假的	《排污许可管理条例》第四十二条	由审批部门解除委托关系，将相关信息记入其信用记录，在全国排污许可证管理信息平台上公布，同时纳入国家有关信用信息系统向社会公布；情节严重的，禁止从事排污许可技术服务
26	需要填报排污登记表的企业事业单位和其他生产经营者，未依照本条例规定填报排污信息的	《排污许可管理条例》第四十三条	由生态环境主管部门责令改正，可以处 5 万元以下的罚款

《排污许可管理条例》第三十八条还规定：“排污单位违反本条例规定排放污染物，受到罚款处罚，被责令改正的，生态环境主管部门应当组织复查，发现其继续实施该违法行为或者拒绝、阻挠复查的，依照《中华人民共和国环境保护法》的规定按日连续处罚。”

《排污许可管理条例》第四十四条规定：“排污单位有下列行为之一，尚不构成犯罪的，除依照本条例规定予以处罚外，对其直接负责的主管人员和其他直接责任人员，依照《中华人民共和国环境保护法》的规定处以拘留：（一）未取得排污许可证排放污染物，被责令停止排污，拒不执行；（二）通过暗管、渗井、渗坑、灌注或者篡改、伪造监测数据，或者不正常运行污染防治设施等逃避监管的方式违法排放污染物。”根据《环境保护法》第六十三条第二项和第三项的规定，企业事业单位和其他生产经营者违反法律规定，未取得排污许可证排放污染物，被责令停止排污，拒不执行或者通过暗管、渗井、渗坑、灌注或者篡改、伪造监测数据，或者不正常运行污染防治设施等逃避监管的方式违法排放污染物，尚不构成犯罪的，除依照有关法律法规规定予以处罚外，由生态环境主管部门将案件移送公安机关，对其直接负责的主管人员和其他直接责任人员，处十日以上十五日以下拘留；情节较轻的，处五日以上十日以下拘留。

四、通过逃避监管的方式违法排放污染物的法律风险

（一）通过逃避监管的方式违法排放污染物行为的认定

生态环境保护领域的逃避监管，是指排污单位将自身的排污行为脱离生态环境主管部门合法监管范围的一种违法行为。我国现行法律法规并没有明确对“逃避监管”作出定义，《环境保护法》第四十二条第三款采用列举的方式对以逃避监管方式排污的情形进行了规定，即严禁通过暗管、渗井、渗坑、灌注或者篡改、伪造监测数据，或者不正常运行防治污染设施等逃避监管的方式违法排放污染物。

1. 通过暗管、渗井、渗坑、灌注等逃避监管的方式违法排放污染物行为的认定

《行政主管部门移送适用行政拘留环境违法案件暂行办法》（公治〔2014〕853 号）第五条规定，《环境保护法》第六十三条第三项规定的通过暗管、渗井、渗坑、灌注等逃避监管的方式违法排放污染物，是指通过暗管、渗井、渗坑、灌注等不经法定排放口排放污染物等逃避监管的方式违法排放污染物：暗管是指通过隐蔽的方式达到规避监管目的而设置的排污管道，包括埋入地下的水泥管、瓷管、塑料管等，以及地上的临时排污管道；渗井、渗坑是指无防渗漏措施或起不到防渗作用的、封闭或半封闭的坑、池、塘、井和沟、渠等；灌注

是指通过高压深井向地下排放污染物。判定排污者使用的排污口是否属于法定性质，要依据企业事业单位或者其他经营者的申报来判断，凡是从未申报、排污情况变更而未依法重新申报的，都属于非法的排污口。凡通过申报获批之外的排污口实施排污行为的，均属于逃避监管的方式违法排放污染物。①

2. 通过篡改、伪造监测数据等逃避监管的方式违法排放污染物行为的认定

《行政主管部门移送适用行政拘留环境违法案件暂行办法》（公治〔2014〕853 号）第六条规定，《环境保护法》第六十三条第三项规定的通过篡改、伪造监测数据等逃避监管的方式违法排放污染物，是指篡改、伪造用于监控、监测污染物排放的手工及自动监测仪器设备的监测数据，包括以下情形：（一）违反国家规定，对污染源监控系统进行删除、修改、增加、干扰，或者对污染源监控系统中存储、处理、传输的数据和应用程序进行删除、修改、增加，造成污染源监控系统不能正常运行的；（二）破坏、损毁监控仪器站房、通讯线路、信息采集传输设备、视频设备、电力设备、空调、风机、采样泵及其他监控设施的，以及破坏、损毁监控设施采样管线，破坏、损毁监控仪器、仪表的；（三）稀释排放的污染物故意干扰监测数据的；（四）其他致使监测、监控设施不能正常运行的情形。

另外，为保障环境监测数据真实准确，依法查处环境监测数据弄虚作假行为，依据《中华人民共和国环境保护法》和《生态环境监测网络建设方案》（国办发〔2015〕56 号）等有关法律法规和文件，原环境保护部组织制定的《环境监测数据弄虚作假行为判定及处理办法》（环发〔2015〕175 号）作出的规定如下：

① 环境保护部环境监察局．《环境保护法》四个配套办法释义．北京：中国民主法制出版社，2015：174.

篡改监测数据，是指利用某种职务或者工作上的便利条件，故意干预环境监测活动的正常开展，导致监测数据失真的行为，包括以下情形：（一）未经批准部门同意，擅自停运、变更、增减环境监测点位或者故意改变环境监测点位属性的；（二）采取人工遮挡、堵塞和喷淋等方式，干扰采样口或周围局部环境的；（三）人为操纵、干预或者破坏排污单位生产工况、污染源净化设施，使生产或污染状况不符合实际情况的；（四）稀释排放或者旁路排放，或者将部分或全部污染物不经规范的排污口排放，逃避自动监控设施监控的；（五）破坏、损毁监测设备站房、通讯线路、信息采集传输设备、视频设备、电力设备、空调、风机、采样泵、采样管线、监控仪器或仪表以及其他监测监控或辅助设施的；（六）故意更换、隐匿、遗弃监测样品或者通过稀释、吸附、吸收、过滤、改变样品保存条件等方式改变监测样品性质的；（七）故意漏检关键项目或者无正当理由故意改动关键项目的监测方法的；（八）故意改动、干扰仪器设备的环境条件或运行状态或者删除、修改、增加、干扰监测设备中存储、处理、传输的数据和应用程序，或者人为使用试剂、标样干扰仪器的；（九）未向环境保护主管部门备案，自动监测设备暗藏可通过特殊代码、组合按键、远程登录、遥控、模拟等方式进入不公开的操作界面对自动监测设备的参数和监测数据进行秘密修改的；（十）故意不真实记录或者选择性记录原始数据的；（十一）篡改、销毁原始记录，或者不按规范传输原始数据的；（十二）对原始数据进行不合理修约、取舍，或者有选择性评价监测数据、出具监测报告或者发布结果，以致评价结论失真的；（十三）擅自修改数据的；（十四）其他涉嫌篡改监测数据的情形。

伪造监测数据，是指没有实施实质性的环境监测活动，凭空编造虚假监测数据的行为，包括以下情形：（一）纸质原始记录与电子存储记录不一致，或者谱图与分析结果不对应，或者用其他样品的分析结果和图谱替代的；（二）监测报告与原始记录信息不一致，或者没有相应原始数据的；（三）监测报告的副本与正本不一致的；（四）伪造监测时间或者签名的；（五）通过仪器数据模拟功能，或者植入模拟软件，凭空生成监测数据的；（六）未开展采样、分析，直接出具监测数据或者到现场采样、但未开设烟道采样口，出具监测报告的；（七）未按规定对样品留样或保存，导致无法对监测结果进行复核的；（八）其他涉嫌伪造监测数据的情形。

涉嫌指使篡改、伪造监测数据的行为，包括以下情形：（一）强令、授意有关人员篡改、伪造监测数据的；（二）将考核达标或者评比排名情况列为下属监测机构、监测人员的工作考核要求，意图干预监测数据的；（三）无正当理由，强制要求监测机构多次监测并从中挑选数据，或者无正当理由拒签上报监测数据的；（四）委托方人员授意监测机构工作人员篡改、伪造监测数据或者在未作整改的前提下，进行多家或多次监测委托，挑选其中“合格”监测报告的；（五）其他涉嫌指使篡改、伪造监测数据的情形。

3. 通过不正常运行防治污染设施等逃避监管的方式违法排放污染物行为的认定

《行政主管部门移送适用行政拘留环境违法案件暂行办法》（公治〔2014〕853 号）第七条规定，《环境保护法》第六十三条第三项规定的通过不正常运行防治污染设施等逃避监管的方式违法排放污染物，包括以下情形：（一）将部分或全部污染物不经过处理设施，直接排放的；（二）非紧急情况下开启污染物处理设施的应急排放阀门，将部分或者全部污染物直接排放的；（三）将未经处理的污染物从污染物处理设施的中间工序引出直接排放的；（四）在生产经营或者作业过程中，停止运行污染物处理设施的；（五）违反操作规程使用污染物处理设施，致使处理设施不能正常发挥处理作用的；（六）污染物处理设施发生故障后，排污单位不及时或者不按规程进行检查和维修，致使处理设施不能正常发挥处理作用的；（七）其他不正常运行污染防治设施的情形。

（二）通过逃避监管的方式违法排放污染物的法律风险

1. 罚款以及按日连续处罚

《大气污染防治法》第九十九条第三项规定，违反本法规定，通过逃避监管的方式排放大气污染物的，由县级以上人民政府生态环境主管部门责令改正或者限制生产、停产整治，并处十万元以上一百万元以下的罚款；情节严重的，报经有批准权的人民政府批准，责令停业、关闭。《水污染防治法》第八十三条第三项规定，违反本法规定，利用渗井、渗坑、裂隙、溶洞，私设暗管，篡改、伪造监测数据，或者不正常运行水污染防治设施等逃避监管的方式排放水污染物的，由县级以上人民政府生态环境主管部门责令改正或者责令限制生产、停产整治，并处十万元以上一百万元以下的罚款；情节严重的，报经有批准权的人民政府批准，责令停业、关闭。

《环境保护法》第五十九条规定："企业事业单位和其他生产经营者违法排放污染物，受到罚款处罚，被责令改正，拒不改正的，依法作出处罚决定的行政机关可以自责令改正之日的次日起，按照原处罚数额按日连续处罚。前款规定的罚款处罚，依照有关法律法规按照防治污染设施的运行成本、违法行为造成的直接损失或者违法所得等因素确定的规定执行。地方性法规可以根据环境保护的实际需要，增加第一款规定的按日连续处罚的违法行为的种类。"《大气污染防治法》第一百二十三条第三项规定，违反本法规定，企业事业单位和其他生产经营者通过逃避监管的方式排放大气污染物的，受到罚款处罚，被责令改正，拒不改正的，依法作出处罚决定的行政机关可以自责令改正之日的次日起，按照原处罚数额按日连续处罚。《水污染防治法》第九十五条规定：“企业事业单位和其他生产经营者违法排放水污染物，受到罚款处罚，被责令改正的，依法作出处罚决定的行政机关应当组织复查，发现其继续违法排放水污染物或者拒绝、阻挠复查的，依照《中华人民共和国环境保护法》的规定按日连续处罚。”《环境保护主管部门实施按日连续处罚办法》第五条第二项规定，排污者通过暗管、渗井、渗坑、灌注或者篡改、伪造监测数据，或者不正常运行防治污染设施等逃避监管的方式排放污染物，受到罚款处罚，被责令改正，拒不改正的，依法作出罚款处罚决定的生态环境主管部门可以实施按日连续处罚。

2. 查封、扣押

《环境保护主管部门实施查封、扣押办法》第四条第一款第四项规定，排污者通过暗管、渗井、渗坑、灌注或者篡改、伪造监测数据，或者不正常运行防治污染设施等逃避监管的方式违反法律法规规定排放污染物的，生态环境主管部门依法实施查封、扣押。同时，《环境保护主管部门实施查封、扣押办法》第六条规定：“具备下列情形之一的排污者，造成或者可能造成严重污染的，环境保护主管部门应当按照有关环境保护法律法规予以处罚，可以不予实施查封、扣押：（一）城镇污水处理、垃圾处理、危险废物处置等公共设施的运营单位；（二）生产经营业务涉及基本民生、公共利益的；（三）实施查封、扣押可能影响生产安全的。”

3. 停产整治

《环境保护主管部门实施限制生产、停产整治办法》第六条第一项规定，排污者通过暗管、渗井、渗坑、灌注或者篡改、伪造监测数据，或者不正常运行防治污染设施等逃避监管的方式排放污染物，超过污染物排放标准的，生态环境主管部门可以责令其采取停产整治措施。同时，《环境保护主管部门实施限制生产、停产整治办法》第七条规定："具备下列情形之一的排污者，超过污染物排放标准或者超过重点污染物排放总量控制指标排放污染物的，环境保护主管部门应当按照有关环境保护法律法规予以处罚，可以不予实施停产整治：（一）城镇污水处理、垃圾处理、危险废物处置等公共设施的运营单位；（二）生产经营业务涉及基本民生、公共利益的；（三）实施停产整治可能影响生产安全的。"

4. 行政拘留

《环境保护法》第六十三条第三项规定，企业事业单位和其他生产经营者通过暗管、渗井、渗坑、灌注或者篡改、伪造监测数据，或者不正常运行防治污染设施等逃避监管的方式违法排放污染物，尚不构成犯罪的，除依照有关法律法规规定予以处罚外，由县级以上人民政府生态环境主管部门或者其他有关部门将案件移送公安机关，对其直接负责的主管人员和其他直接责任人员，处十日以上十五日以下拘留；情节较轻的，处五日以上十日以下拘留。

5. 以其当期应税大气污染物、水污染物的产生量作为污染物的排放量缴纳环境保护税

《环境保护税法实施条例》第七条第二款第三项和第四项规定，纳税人篡改、伪造污染物监测数据或者通过暗管、渗井、渗坑、灌注或者稀释排放以及不正常运行防治污染设施等方式违法排放应税污染物的，

以其当期应税大气污染物、水污染物的产生量作为污染物的排放量。

6. 刑事责任

《刑法》第三百三十八条规定："违反国家规定，排放、倾倒或者处置有放射性的废物、含传染病病原体的废物、有毒物质或者其他有害物质，严重污染环境的，处三年以下有期徒刑或者拘役，并处或者单处罚金；后果特别严重的，处三年以上七年以下有期徒刑，并处罚金。"

《最高人民法院、最高人民检察院关于办理环境污染刑事案件适用法律若干问题的解释》（法释〔2016〕29号）第一条第五项规定，实施刑法第三百三十八条规定的行为，通过暗管、渗井、渗坑、裂隙、溶洞、灌注等逃避监管的方式排放、倾倒、处置有放射性的废物、含传染病病原体的废物、有毒物质的，应当认定为"严重污染环境"。《最高人民法院、最高人民检察院关于办理环境污染刑事案件适用法律若干问题的解释》（法释〔2016〕29号）第八条规定："违反国家规定，排放、倾倒、处置含有毒害性、放射性、传染病病原体等物质的污染物，同时构成污染环境罪、非法处置进口的固体废物罪、投放危险物质罪等犯罪的，依照处罚较重的规定定罪处罚。"《刑法》第一百一十五条规定："放火、决水、爆炸以及投放毒害性、放射性、传染病病原体等物质或者以其他危险方法致人重伤、死亡或者使公私财产遭受重大损失的，处十年以上有期徒刑、无期徒刑或者死刑。"

《最高人民法院、最高人民检察院关于办理环境污染刑事案件适用法律若干问题的解释》（法释〔2016〕29号）第一条第七项规定，实施刑法第三百三十八条规定的行为，重点排污单位篡改、伪造自动监测数据或者干扰自动监测设施，排放化学需氧量、氨氮、二氧化硫、氮氧化物等污染物的，应当认定为"严重污染环境"。《最高人民法院、最高人民检察院关于办理环境污染刑事案件适用法律若干问题的解释解释》(法释〔2016〕29号)第十条规定:“违反国家规定,针对环境质量监测系统实施下列行为,或者强令、指使、授意他人实施下列行为的,应当依照刑法第二百八十六条的规定,以破坏计算机信息系统罪论处:(一)修改参数或者监测数据的;(二)干扰采样,致使监测数据严重失真的;(三)其他破坏环境质量监测系统的行为。重点排污单位篡改、伪造自动监测数据或者干扰自动监测设施,排放化学需氧量、氨氮、二氧化硫、氮氧化物等污染物,同时构成污染环境罪和破坏计算机信息系统罪的,依照处罚较重的规定定罪处罚。从事环境监测设施维护、运营的人员实施或者参与实施篡改、伪造自动监测数据、干扰自动监测设施、破坏环境质量监测系统等行为的,应当从重处罚。”《刑法》第二百八十六条规定:“违反国家规定,对计算机信息系统功能进行删除、修改、增加、干扰,造成计算机信息系统不能正常运行,后果严重的,处五年以下有期徒刑或者拘役;后果特别严重的,处五年以上有期徒刑。违反国家规定,对计算机信息系统中存储、处理或者传输的数据和应用程序进行删除、修改、增加的操作,后果严重的,依照前款的规定处罚。”

《最高人民法院、最高人民检察院关于办理环境污染刑事案件适用法律若干问题的解释》(法释〔2016〕29号)第一条第(八)项规定,实施刑法第三百三十八条规定的行为,违法减少防治污染设施运行支出一百万元以上的,应当认定为“严重污染环境”。按照《环境保护法》第六十三条第三项规定,企业事业单位和其他生产经营者通过不正常运行防治污染设施等逃避监管的方式违法排放污染物,尚不构成犯罪的,除依照有关法律法规规定予以处罚外,由生态环境主管部门将案件移送公安机关,对其直接负责的主管人员和其他直接责任人员,处十日以上十五日以下拘留;情节较轻的,处五日以上十日以下拘留。

当违法减少防治污染设施运行支出一百万元以上时，则会被追究刑事责任。

五、超标排污的法律风险

达标排放污染物是排放污染物的企业事业单位和其他生产经营者的基本法定义务。超标排放污染物的法律风险如下：

1. 罚款以及按日连续处罚

《大气污染防治法》第九十九条第二项规定，违反本法规定，超过大气污染物排放标准或者超过重点大气污染物排放总量控制指标排放大气污染物的，由县级以上人民政府生态环境主管部门责令改正或者限制生产、停产整治，并处十万元以上一百万元以下的罚款；情节严重的，报经有批准权的人民政府批准，责令停业、关闭。《水污染防治法》第八十三条第二项规定，违反本法规定，超过水污染物排放标准或者超过重点水污染物排放总量控制指标排放水污染物的，由县级以上人民政府生态环境主管部门责令改正或者责令限制生产、停产整治，并处十万元以上一百万元以下的罚款；情节严重的，报经有批准权的人民政府批准，责令停业、关闭。

《环境保护法》第五十九条规定："企业事业单位和其他生产经

营者违法排放污染物，受到罚款处罚，被责令改正，拒不改正的，依法作出处罚决定的行政机关可以自责令改正之日的次日起，按照原处罚数额按日连续处罚。前款规定的罚款处罚，依照有关法律法规按照防治污染设施的运行成本、违法行为造成的直接损失或者违法所得等因素确定的规定执行。地方性法规可以根据环境保护的实际需要，增加第一款规定的按日连续处罚的违法行为的种类。”《大气污染防治法》第一百二十三条第二项规定，违反本法规定，企业事业单位和其他生产经营者超过大气污染物排放标准或者超过重点大气污染物排放总量控制指标排放大气污染物的，受到罚款处罚，被责令改正，拒不改正的，依法作出处罚决定的行政机关可以自责令改正之日的次日起，按照原处罚数额按日连续处罚。《水污染防治法》第九十五条规定：“企业事业单位和其他生产经营者违法排放水污染物，受到罚款处罚，被责令改正的，依法作出处罚决定的行政机关应当组织复查，发现其继续违法排放水污染物或者拒绝、阻挠复查的，依照《中华人民共和国环境保护法》的规定按日连续处罚。”《环境保护主管部门实施按日连续处罚办法》第五条第（一）项规定，超过国家或者地方规定的污染物排放标准，或者超过重点污染物排放总量控制指标排放污染物，受到罚款处罚，被责令改正，拒不改正的，依法作出罚款处罚决定的生态环境主管部门可以实施按日连续处罚。

《关于环境行政处罚过程中有关问题的复函》（环办环监函〔2018〕719号）指出，根据《环境保护法》第五十九条第一款和《水污染防治法》第九十五条规定，企业因废水化学需氧量排放超标被环保部门责令改正违法行为并依法处罚，环保部门复查时，发现该企业仍继续违法排放水污染物，即使废水化学需氧量排放达标但氨氮等其他水污染物排放超标的，属于拒不改正违法排放污染物行为，可以依据《中华人民共和国水污染防治法》《环境保护主管部门实施按日连续处罚办法》相关条款对该企业实施按日连续处罚。

2. 限制生产、停产整治

《环境保护主管部门实施限制生产、停产整治办法》第五条规定，排污者超过污染物排放标准或者超过重点污染物日最高允许排放总量控制指标的，环境保护主管部门可以责令其采取限制生产措施。《环境保护主管部门实施限制生产、停产整治办法》第六条规定，排污者有下列情形之一的，环境保护主管部门可以责令其采取停产整治措施：（一）通过暗管、渗井、渗坑、灌注或者篡改、伪造监测数据，或者不正常运行防治污染设施等逃避监管的方式排放污染物，超过污染物排放标准的；（二）非法排放含重金属、持久性有机污染物等严重危害环境、损害人体健康的污染物超过污染物排放标准三倍以上的；（三）超过重点污染物排放总量年度控制指标排放污染物的；（四）被责令限制生产后仍然超过污染物排放标准排放污染物的；（五）因突发事件造成污染物排放超过排放标准或者重点污染物排放总量控制指标的；（六）法律、法规规定的其他情形。

同时，《环境保护主管部门实施限制生产、停产整治办法》第七条规定："具备下列情形之一的排污者，超过污染物排放标准或者超过重点污染物排放总量控制指标排放污染物的，环境保护主管部门应当按照有关环境保护法律法规予以处罚，可以不予实施停产整治：（一）城镇污水处理、垃圾处理、危险废物处置等公共设施的运营单位；（二）生产经营业务涉及基本民生、公共利益的；（三）实施停产整治可能影响生产安全的。"

3. 特定企业应当缴纳环境保护税

《环境保护税法》第四条规定，有下列情形之一的，不属于直接向环境排放污染物，不缴纳相应污染物的环境保护税：（一）企业事业单位和其他生产经营者向依法设立的污水集中处理、生活垃圾集中处理场所排放应税污染物的；（二）企业事业单位和其他生产经营者在符合国家和地方环境保护标准的设施、场所贮存或者处置固体废物的。

但《环境保护税法》第五条规定，依法设立的城乡污水集中处理、生活垃圾集中处理场所超过国家和地方规定的排放标准向环境排放应税污染物的，应当缴纳环境保护税。企业事业单位和其他生产经营者贮存或者处置固体废物不符合国家和地方环境保护标准的，应当缴纳环境保护税。

4. 刑事责任

《刑法》第三百三十八条规定："第三百三十八条规定："违反国家规定，排放、倾倒或者处置有放射性的废物、含传染病病原体的废物、有毒物质或者其他有害物质，严重污染环境的，处三年以下有期徒刑或者拘役，并处或者单处罚金；情节严重的，处三年以上七年以下有期徒刑，并处罚金；有下列情形之一的，处七年以上有期徒刑，并处罚金：（一）在饮用水水源保护区、自然保护地核心保护区等依法确定的重点保护区域排放、倾倒、处置有放射性的废物、含传染病病原体的废物、有毒物质，情节特别严重的；（二）向国家确定的重要江河、湖泊水域排放、倾倒、处置有放射性的废物、含传染病病原体的废物、有毒物质，情节特别严重的；（三）致使大量永久基本农田基本功能丧失或者遭受永久性破坏的；（四）致使多人重伤、严重疾病，或者致人严重残疾、死亡的。有前款行为，同时构成其他犯罪的，依照处罚较重的规定定罪处罚。"

《最高人民法院、最高人民检察院关于办理环境污染刑事案件适用法律若干问题的解释》（法释〔2016〕29 号）第一条第三项和第四项规定，实施刑法第三百三十八条规定的行为，排放、倾倒、处置含铅、汞、镉、铬、砷、铊、锑的污染物，超过国家或者地方污染物排放标准三倍以上的，排放、倾倒、处置含镍、铜、锌、银、钒、锰、钴的污染物，超过国家或者地方污染物排放标准十倍以上的，应当认定为“严重污染环境”。

最高人民法院、最高人民检察院、公安部、司法部、生态环境部印发的《关于办理环境污染刑事案件有关问题座谈会纪要》认为，司法实践中打击涉大气污染环境犯罪，要抓住关键问题，紧盯薄弱环节，突出打击重点。对重污染天气预警期间，违反国家规定，超标排放二氧化硫、氮氧化物，受过行政处罚后又实施上述行为或者具有其他严重情节的，可以适用《环境解释》第一条第十八项规定的“其他严重污染环境的情形”追究刑事责任。

六、违反危险废物管理要求的法律风险

（一）危险废物的范围

危险废物，是指列入国家危险废物名录或者根据国家规定的危险废物鉴别标准和鉴别方法认定的具有危险特性的固体废物。

1. 列入《国家危险废物名录》的物质

《固体废物污染环境防治法》第一百二十四条第（一）项规定，固体废物，是指在生产、生活和其他活动中产生的丧失原有利用价值或者虽未丧失利用价值但被抛弃或者放弃的固态、半固态和置于容器中的气态的物品、物质以及法律、行政法规规定纳入固体废物管理的物品、物质。经无害化加工处理，并且符合强制性国家产品质量标准，不会危害公众健康和生态安全，或者根据固体废物鉴别标准和鉴别程序认定为不属于固体废物的除外。《固体废物污染环境防治法》第七十五条第一款规定：“国务院生态环境主管部门应当会同国务院有关部门制定国家危险废物

名录，规定统一的危险废物鉴别标准、鉴别方法、识别标志和鉴别单位管理要求。国家危险废物名录应当动态调整。”

《国家危险废物名录（2021 年版）》于 2020 年 11 月 5 日经生态环境部部务会议审议通过，自 2021 年 1 月 1 日起施行。《国家危险废物名录》第二条对该名录的范围予以明确，即：“具有下列情形之一的固体废物（包括液态废物），列入本名录：（一）具有毒性、腐蚀性、易燃性、反应性或者感染性等一种或者几种危险特性的；（二）不排除具有危险特性，可能对生态环境或者人体健康造成有害影响，需要按照危险废物进行管理的。”

2. 列入《医疗废物分类目录》的医疗废物

《固体废物污染环境防治法》第九十条规定：“医疗废物按照国家危险废物名录管理。县级以上地方人民政府应当加强医疗废物集中处置能力建设。县级以上人民政府卫生健康、生态环境等主管部门应当在各自职责范围内加强对医疗废物收集、贮存、运输、处置的监督管理，防止危害公众健康、污染环境。医疗卫生机构应当依法分类收集本单位产生的医疗废物，交由医疗废物集中处置单位处置。医疗废物集中处置单位应当及时收集、运输和处置医疗废物。医疗卫生机构和医疗废物集中处置单位，应当采取有效措施，防止医疗废物流失、泄漏、渗漏、扩散。”

根据《医疗废物管理条例》，原卫生部和原国家环境保护总局于 2003 年制定了《医疗废物分类目录》（卫医发〔2003〕287 号）。

3. 按照国家规定的危险废物鉴别标准和鉴别方法认定的具有危险特性的废物

《国家危险废物名录》第四条规定：“危险废物与其他物质混合后的固体废物，以及危险废物利用处置后的固体废物的属性判定，按照国家规定的危险废物鉴别标准执行。”“对不明确是否具有危险特性的固体废物，应当按照国家规定的危险废物鉴别标准和鉴别方法予以认定。经鉴别具有危险特性的，属于危险废物，应当根据其主要有害成分和危险特性确定所属废物类别，并按代码“900-000-××”（××为危险废物类别代码）进行归类管理。经鉴别不具有危险特性的，不属于危险废物。”

5. 列入《危险废物豁免管理清单》中的危险废物，实行豁免管理

《国家危险废物名录》第三条规定：“列入本名录附录《危险废物豁免管理清单》中的危险废物，在所列的豁免环节，且满足相应的豁免条件时，可以按照豁免内容的规定实行豁免管理。”《国家危险废物名录》附录《危险废物豁免管理清单》明确列举了废物类别/代码；危险废物；豁免环节；豁免条件；豁免内容。

（二）违反危险废物管理要求的法律风险

违反危险废物管理要求的法律风险具体见表 4-2。

表 4-2　违反危险废物管理规定的主要违法行为及相应法律责任

序号	事项名称	处罚依据	法律责任
1	可能造成证据灭失、被隐匿或者非法转移的	《固体废物污染环境防治法》第二十七条第（一）项	生态环境主管部门和其他负有固体废物污染环境防治监督管理职责的部门，可以对违法收集、贮存、运输、利用、处置的固体废物及设施、设备、场所、工具、物品予以查封、扣押
2	造成或者可能造成严重环境污染的	《固体废物污染环境防治法》第二十七条第（二）项	生态环境主管部门和其他负有固体废物污染环境防治监督管理职责的部门，可以对违法收集、贮存、运输、利用、处置的固体废物及设施、设备、场所、工具、物品予以查封、扣押

序号	事项名称	处罚依据	法律责任
3	违反本法规定，产生、收集、贮存、运输、利用、处置固体废物的单位未依法及时公开固体废物污染环境防治信息的	《固体废物污染环境防治法》第一百零二条第（一）项	由生态环境主管部门责令改正，处五万元以上二十万元以下的罚款，没收违法所得；情节严重的，报经有批准权的人民政府批准，可以责令停业或者关闭
4	违反本法规定，将列入限期淘汰名录被淘汰的设备转让给他人使用的	《固体废物污染环境防治法》第一百零二条第（三）项	由生态环境主管部门责令改正，处十万元以上一百万元以下的罚款，没收违法所得；情节严重的，报经有批准权的人民政府批准，可以责令停业或者关闭
5	违反本法规定，在生态保护红线区域、永久基本农田集中区域和其他需要特别保护的区域内，建设工业固体废物、危险废物集中贮存、利用、处置的设施、场所和生活垃圾填埋场的	《固体废物污染环境防治法》第一百零二条第（四）项	由生态环境主管部门责令改正，处十万元以上一百万元以下的罚款，没收违法所得；情节严重的，报经有批准权的人民政府批准，可以责令停业或者关闭
6	违反本法规定，单位和其他生产经营者违反固体废物管理其他要求，污染环境、破坏生态的	《固体废物污染环境防治法》第一百零二条第（十一）项	由生态环境主管部门责令改正，处十万元以上一百万元以下的罚款，没收违法所得；情节严重的，报经有批准权的人民政府批准，可以责令停业或者关闭。有关法律、行政法规另有规定的，适用其规定
7	违反本法规定，以拖延、围堵、滞留执法人员等方式拒绝、阻挠监督检查，或者在接受监督检查时弄虚作假的	《固体废物污染环境防治法》第一百零三条	由生态环境主管部门或者其他负有固体废物污染环境防治监督管理职责的部门责令改正，处五万元以上二十万元以下的罚款；对直接负责的主管人员和其他直接责任人员，处二万元以上十万元以下的罚款
8	违反本法规定，未依法取得排污许可证产生工业固体废物的	《固体废物污染环境防治法》第一百零四条	由生态环境主管部门责令改正或者限制生产、停产整治，处十万元以上一百万元以下的罚款；情节严重的，报经有批准权的人民政府批准，责令停业或者关闭

序号	事项名称	处罚依据	法律责任
9	违反本法规定，未按照规定设置危险废物识别标志的	《固体废物污染环境防治法》第一百一十二条第（一）项	由生态环境主管部门责令改正，处十万元以上一百万元以下的罚款，没收违法所得；情节严重的，报经有批准权的人民政府批准，可以责令停业或者关闭
10	违反本法规定，未按照国家有关规定制定危险废物管理计划或者申报危险废物有关资料的	《固体废物污染环境防治法》第一百一十二条第（二）项	由生态环境主管部门责令改正，处十万元以上一百万元以下的罚款，没收违法所得；情节严重的，报经有批准权的人民政府批准，可以责令停业或者关闭
11	违反本法规定，擅自倾倒、堆放危险废物的	《固体废物污染环境防治法》第一百一十二条第（三）项	由生态环境主管部门责令改正，处所需处置费用三倍以上五倍以下的罚款，所需处置费用不足二十万元的，按二十万元计算，没收违法所得；情节严重的，报经有批准权的人民政府批准，可以责令停业或者关闭
12	违反本法规定，将危险废物提供或者委托给无许可证的单位或者其他生产经营者从事经营活动的	《固体废物污染环境防治法》第一百一十二条第（四）项	由生态环境主管部门责令改正，处所需处置费用三倍以上五倍以下的罚款，所需处置费用不足二十万元的，按二十万元计算，没收违法所得；情节严重的，报经有批准权的人民政府批准，可以责令停业或者关闭
13	违反本法规定，未按照国家有关规定填写、运行危险废物转移联单或者未经批准擅自转移危险废物的	《固体废物污染环境防治法》第一百一十二条第（五）项	由生态环境主管部门责令改正，处十万元以上一百万元以下的罚款，没收违法所得；情节严重的，报经有批准权的人民政府批准，可以责令停业或者关闭
14	违反本法规定，未按照国家环境保护标准贮存、利用、处置危险废物或者将危险废物混入非危险废物中贮存的	《固体废物污染环境防治法》第一百一十二条第（六）项	由生态环境主管部门责令改正，处十万元以上一百万元以下的罚款，没收违法所得；情节严重的，报经有批准权的人民政府批准，可以责令停业或者关闭

序号	事项名称	处罚依据	法律责任
15	违反本法规定，未经安全性处置，混合收集、贮存、运输、处置具有不相容性质的危险废物的	《固体废物污染环境防治法》第一百一十二条第（七）项	由生态环境主管部门责令改正，处十万元以上一百万元以下的罚款，没收违法所得；情节严重的，报经有批准权的人民政府批准，可以责令停业或者关闭
16	违反本法规定，将危险废物与旅客在同一运输工具上载运的	《固体废物污染环境防治法》第一百一十二条第（八）项	由生态环境主管部门责令改正，处十万元以上一百万元以下的罚款，没收违法所得；情节严重的，报经有批准权的人民政府批准，可以责令停业或者关闭
17	违反本法规定，未经消除污染处理，将收集、贮存、运输、处置危险废物的场所、设施、设备和容器、包装物及其他物品转作他用的	《固体废物污染环境防治法》第一百一十二条第（九）项	由生态环境主管部门责令改正，处十万元以上一百万元以下的罚款，没收违法所得；情节严重的，报经有批准权的人民政府批准，可以责令停业或者关闭
18	违反本法规定，未采取相应防范措施，造成危险废物扬散、流失、渗漏或者其他环境污染的	《固体废物污染环境防治法》第一百一十二条第（十）项	由生态环境主管部门责令改正，处所需处置费用三倍以上五倍以下的罚款，所需处置费用不足二十万元的，按二十万元计算，没收违法所得；情节严重的，报经有批准权的人民政府批准，可以责令停业或者关闭
19	违反本法规定，在运输过程中沿途丢弃、遗撒危险废物的	《固体废物污染环境防治法》第一百一十二条第（十一）项	由生态环境主管部门责令改正，处所需处置费用三倍以上五倍以下的罚款，所需处置费用不足二十万元的，按二十万元计算，没收违法所得；情节严重的，报经有批准权的人民政府批准，可以责令停业或者关闭
20	违反本法规定，未制定危险废物意外事故防范措施和应急预案的	《固体废物污染环境防治法》第一百一十二条第（十二）项	由生态环境主管部门责令改正，处十万元以上一百万元以下的罚款，没收违法所得；情节严重的，报经有批准权的人民政府批准，可以责令停业或者关闭
21	违反本法规定，未按照国家有关规定建立危险废物管理台账并如实记录的	《固体废物污染环境防治法》第一百一十二条第（十三）项	由生态环境主管部门责令改正，处十万元以上一百万元以下的罚款，没收违法所得；情节严重的，报经有批准权的人民政府批准，可以责令停业或者关闭

序号	事项名称	处罚依据	法律责任
22	违反本法规定，危险废物产生者未按照规定处置其产生的危险废物被责令改正后拒不改正的	《固体废物污染环境防治法》第一百一十三条	由生态环境主管部门组织代为处置，处置费用由危险废物产生者承担；拒不承担代为处置费用的，处代为处置费用一倍以上三倍以下的罚款
23	无许可证从事收集、贮存、利用、处置危险废物经营活动的	《固体废物污染环境防治法》第一百一十四条第一款	由生态环境主管部门责令改正，处一百万元以上五百万元以下的罚款，并报经有批准权的人民政府批准，责令停业或者关闭；对法定代表人、主要负责人、直接负责的主管人员和其他责任人员，处十万元以上一百万元以下的罚款
24	未按照许可证规定从事收集、贮存、利用、处置危险废物经营活动的	《固体废物污染环境防治法》第一百一十四条第二款	由生态环境主管部门责令改正，限制生产、停产整治，处五十万元以上二百万元以下的罚款；对法定代表人、主要负责人、直接负责的主管人员和其他责任人员，处五万元以上五十万元以下的罚款；情节严重的，报经有批准权的人民政府批准，责令停业或者关闭，还可以由发证机关吊销许可证
25	违反本法规定，造成固体废物污染环境事故的	《固体废物污染环境防治法》第一百一十八条	除依法承担赔偿责任外，由生态环境主管部门依照本条第二款的规定处以罚款，责令限期采取治理措施；造成重大或者特大固体废物污染环境事故的，还可以报经有批准权的人民政府批准，责令关闭 造成一般或者较大固体废物污染环境事故的，按照事故造成的直接经济损失的一倍以上三倍以下计算罚款；造成重大或者特大固体废物污染环境事故的，按照事故造成的直接经济损失的三倍以上五倍以下计算罚款，并对法定代表人、主要负责人、直接负责的主管人员和其他责任人员处上一年度从本单位取得的收入百分之五十以下的罚款
26	单位和其他生产经营者违反本法规定排放固体废物，受到罚款处罚，被责令改正的	《固体废物污染环境防治法》第一百一十九条	依法作出处罚决定的行政机关应当组织复查，发现其继续实施该违法行为的，依照《中华人民共和国环境保护法》的规定按日连续处罚

序号	事项名称	处罚依据	法律责任
27	违反本法规定，将中华人民共和国境外的固体废物输入境内的	《固体废物污染环境防治法》第一百一十五条	由海关责令退运该固体废物，处五十万元以上五百万元以下的罚款。承运人对前款规定的固体废物的退运、处置，与进口者承担连带责任
28	违反本法规定，经中华人民共和国过境转移危险废物的	《固体废物污染环境防治法》第一百一十六条	由海关责令退运该危险废物，处五十万元以上五百万元以下的罚款
29	对已经非法入境的固体废物	《固体废物污染环境防治法》第一百一十七条	由省级以上人民政府生态环境主管部门依法向海关提出处理意见，海关应当依照本法第一百一十五条的规定作出处罚决定；已经造成环境污染的，由省级以上人民政府生态环境主管部门责令进口者消除污染
30	违反本法规定，擅自倾倒、堆放、丢弃、遗撒固体废物，造成严重后果，尚不构成犯罪的	《固体废物污染环境防治法》第一百二十条第（一）项	
31	违反本法规定，在生态保护红线区域、永久基本农田集中区域和其他需要特别保护的区域内，建设工业固体废物、危险废物集中贮存、利用、处置的设施、场所和生活垃圾填埋场，尚不构成犯罪的	《固体废物污染环境防治法》第一百二十条第（二）项	由公安机关对法定代表人、主要负责人、直接负责的主管人员和其他责任人员处十日以上十五日以下的拘留；情节较轻的，处五日以上十日以下的拘留
32	违反本法规定，将危险废物提供或者委托给无许可证的单位或者其他生产经营者堆放、利用、处置，尚不构成犯罪的	《固体废物污染环境防治法》第一百二十条第（三）项	

序号	事项名称	处罚依据	法律责任
33	违反本法规定，无许可证或者未按照许可证规定从事收集、贮存、利用、处置危险废物经营活动，尚不构成犯罪的	《固体废物污染环境防治法》第一百二十条第（四）项	由公安机关对法定代表人、主要负责人、直接负责的主管人员和其他责任人员处十日以上十五日以下的拘留；情节较轻的，处五日以上十日以下的拘留
34	违反本法规定，未经批准擅自转移危险废物，尚不构成犯罪的	《固体废物污染环境防治法》第一百二十条第（五）项	
35	违反本法规定，未采取防范措施，造成危险废物扬散、流失、渗漏或者其他严重后果，尚不构成犯罪的	《固体废物污染环境防治法》第一百二十条第（六）项	

七、违反现场检查制度的法律风险

《环境保护法》第二十四条规定，县级以上人民政府环境保护主管部门及其委托的环境监察机构和其他负有环境保护监督管理职责的部门，有权对排放污染物的企业事业单位和其他生产经营者进行现场检查。被检查者应当如实反映情况，提供必要的资料。实施现场检查的部门、机构及其工作人员应当为被检查者保守商业秘密。违反现场检查制度的法律责任见表 4-3。

表 4-3 违反现场检查制度的法律责任

《水污染防治法》第八十一条	以拖延、围堵、滞留执法人员等方式拒绝、阻挠环境保护主管部门或者其他依照本法规定行使监督管理权的部门的监督检查，或者在接受监督检查时弄虚作假的，由县级以上人民政府环境保护主管部门或者其他依照本法规定行使监督管理权的部门责令改正，处二万元以上二十万元以下的罚款
《大气污染防治法》第九十八条	违反本法规定，以拒绝进入现场等方式拒不接受生态环境主管部门及其环境执法机构或者其他负有大气环境保护监督管理职责的部门的监督检查，或者在接受监督检查时弄虚作假的，由县级以上人民政府生态环境主管部门或者其他负有大气环境保护监督管理职责的部门责令改正，处二万元以上二十万元以下的罚款；构成违反治安管理行为的，由公安机关依法予以处罚
《土壤污染防治法》第九十三条	违反本法规定，被检查者拒不配合检查，或者在接受检查时弄虚作假的，由地方人民政府生态环境主管部门或者其他负有土壤污染防治监督管理职责的部门责令改正，处二万元以上二十万元以下的罚款；对直接负责的主管人员和其他直接责任人员处五千元以上二万元以下的罚款
《固体废物污染环境防治法》第一百零三条	违法本法规定，以拖延、围堵、滞留执法人员等方式拒绝、阻挠监督检查，或者在接受监督检查时弄虚作假的，由生态环境主管部门或者其他负有固体废物污染环境防治监督管理职责的部门责令改正，处五万元以上二十万以下的罚款；对直接负责的主管人员和其他直接负责人员，处二万元以上十万元以下的罚款
《环境噪声污染防治法》第五十五条	拒绝环境保护行政主管部门或者其他依照本法规定行使环境噪声监督管理权的部门、机构现场检查或者在被检查时弄虚作假的，环境保护行政主管部门或者其他依照本法规定行使环境噪声监督管理权的监督管理部门、机构可以根据不同情节，给予警告或者处以罚款
《海洋环境保护法》第七十五条	拒绝现场检查，或者在被检查时弄虚作假的，由依照本法规定行使海洋环境监督管理权的部门予以警告，并处二万元以下的罚款
《放射性污染防治法》第四十九条	拒绝环境保护行政主管部门和其他有关部门进行现场检查，或者被检查时不如实反映情况和提供必要资料的，由县级以上人民政府环境保护行政主管部门或者其他有关部门依据职权责令限期改正，可以处二万元以下罚款

1. 按日连续处罚

《环境保护法》第五十九条规定："企业事业单位和其他生产经营者违法排放污染物，受到罚款处罚，被责令改正，拒不改正的，依法作出处罚决定的行政机关可以自责令改正之日的次日起，按照原处罚数额按日连续处罚。前款规定的罚款处罚，依照有关法律法规按照防治污染设施的运行成本、违法行为造成的直接损失或者违法所得等因素确定的规定执行。地方性法规可以根据环境保护的实际需要，增加第一款规定的按日连续处罚的违法行为的种类。”按照《环境保护主管部门实施按日连续处罚办法》第十三条的规定，排污者拒绝、阻挠环境保护主管部门实施复查的，认定为拒不改正。

《水污染防治法》第九十五条还规定，企业事业单位和其他生产经营者违法排放水污染物，受到罚款处罚，被责令改正的，依法作出处罚决定的行政机关应当组织复查，发现其继续违法排放水污染物或者拒绝、阻挠复查的，依照《中华人民共和国环境保护法》的规定按日连续处罚。

2. 行政拘留

《行政主管部门移送适用行政拘留环境违法案件暂行办法》（公治 [2014]853 号）第三条第三项规定，《环境保护法》第六十三条第（一）项规定的建设项目未依法进行环境影响评价，被责令停止建设，拒不执行的行为，包括被责令停止建设后，拒绝、阻扰生态环境主管部门或者其他负有环境保护监督管理职责的部门核查的。《行政主管部门移送适用行政拘留环境违法案件暂行办法》（公治 [2014]853 号）第四条第三项规定，《环境保护法》第六十三条第二项规定的违反法律规定，未取得排污许可证排放污染物，被责令停止排污，拒不执行的行为，包括被责令停止排污后，拒绝、阻挠环境保护主管部门或者其他具有环境保护管理职责的部门核查的。按照《环境保护法》第六十三条 第一项和第二项的规定，企业事业单位和其他生产经营者被责令停止建设或者被责令停止排污，拒不执行，尚不构成犯罪的，除依照有关法律法规规定予以处罚外，由生态环境主管部门将案件移送公安机关，对其直接负责的主管人员和其他直接责任人员，处十日以上十五日以下拘留；情节较轻的，处五日以上十日以下拘留。

《治安管理处罚法》第五十条第一款第二项规定，阻碍国家机关工作人员依法执行职务的，处警告或者二百元以下罚款；情节严重的，处五日以上十日以下拘留，可以并处五百元以下罚款。实践中，具有下列情形之一的，可以认定为“情节严重”：1. 煽动、纠集他人阻碍国家机关工作人员依法执行职务的；2. 是聚众阻碍国家机关工作人员依法执行职务的首要人员和骨干人员的；3. 不听人民警察教育劝阻的；4. 泼洒污物阻碍国家机关工作人员依法执行职务的；5. 抢夺、扣留、污损国家机关工作人员执行职务使用的交通工具、公务标志、器械等物品的；6. 因阻碍执行职务，造成国家、集体、个人财产损失的或者造成恶劣影响的；7. 当场撕毁执法机关依法执行职务的法律文书的；8. 因阻碍国家机关工作人员依法执行职务，导致国家机关工作人员未能依法执行职务的。①

3. 刑事责任

参照《最高人民检察院关于以暴力威胁方法阻碍事业编制人员依法执行行政执法职务是否可对侵害人以妨害公务罪论处的批复》（高检发释字 [2000]2 号）“对于以暴力、威胁方法阻碍国有事业单位人员依照法律、行政法规的规定执行行政执法职务的，或者以暴力、威胁方法阻碍国家机关中受委托从事行政执法活动的事业编制人员执行行政执法职务的，可以对侵害人以妨害公务罪追究刑事责任”的规定，对以非暴力、威胁方法阻碍事业编制人员依法执行行政执法职务的，可以阻碍执行职务行为定性处罚。《刑法》第二百七十七条第一款规定，以暴力、威胁方法阻碍国家机关工作人员依法执行职务的，处三

① 孙茂利. 违反公安行政管理行为名称释义与实务指南（2016 年版）. 北京：中国民主法制出版社，153.

年以下有期徒刑、拘役、管制或者罚金。

八、违反环境保护税收制度的法律风险

在中华人民共和国领域和中华人民共和国管辖的其他海域，直接向环境排放应税污染物的企业事业单位和其他生产经营者为环境保护税的纳税人，应当依照本法规定缴纳环境保护税。有下列情形之一的，不属于直接向环境排放污染物，不缴纳相应污染物的环境保护税：（一）企业事业单位和其他生产经营者向依法设立的污水集中处理、生活垃圾集中处理场所排放应税污染物的；（二）企业事业单位和其他生产经营者在符合国家和地方环境保护标准的设施、场所贮存或者处置固体废物的。依法设立的城乡污水集中处理、生活垃圾集中处理场所超过国家和地方规定的排放标准向环境排放应税污染物的，应当缴纳环境保护税。企业事业单位和其他生产经营者贮存或者处置固体废物不符合国家和地方环境保护标准的，应当缴纳环境保护税。

关于环境保护税税收减免，《环境保护税法》规定，下列情形，暂予免征环境保护税：（一）农业生产（不包括规模化养殖）排放应税污染物的；（二）机动车、铁路机车、非道路移动机械、船舶和航空器等流动污染源排放应税污染物的；（三）依法设立的城乡污水集中处理、生活垃圾集中处理场所排放相应应税污染物，不超过国家和地方规定的排放标准的；（四）纳税人综合利用的固体废物，符合国家和地方环境保护标准的；（五）国务院批准免税的其他情形。前述第五项免税规定，由国务院报全国人民代表大会常务委员会备案。纳税人排放应税大气污染物或者水污染物的浓度值低于国家和地方规定的污染物排放标准百分之三十的，减按百分之七十五征收环境保护税。纳税人排放应税大气污染物或者水污染物的浓度值低于国家和地方规定的污染物排放标准百分之五十的，减按百分之五十征收环境保

护税。

《环境保护税法》第二十三条规定，纳税人违反《环境保护税法》规定的，依照《中华人民共和国税收征收管理法》《中华人民共和国环境保护法》和有关法律法规的规定追究法律责任。

PART 5

第五章

最常见的法律责任有哪些?

一、环境行政处罚

2021年修订的《行政处罚法》第九条规定的行政处罚种类有：（一）警告、通报批评；（二）罚款、没收违法所得、没收非法财物；（三）暂扣许可证件、降低资质等级、吊销许可证件；（四）限制开展生产经营活动、责令停产停业、责令关闭、限制从业；（五）行政拘留；（六）法律、行政法规规定的其他行政处罚。与原《行政处罚法》（2017年修正）第八条相比，新修订的《行政处罚法》增加了通报批评、降低资质等级、限制开展生产经营活动、责令关闭、限制从业，删除了暂扣或者吊销执照。《环境行政处罚法》第十条规定的环境行政处罚种类有：警告；罚款；责令停产整顿；责令停产、停业、关闭；暂扣、吊销许可证或者其他具有许可性质的证件；没收违法所得、没收非法财物；行政拘留；法律、行政法规设定的其他行政处罚种类。《环境行政处罚法》作为部门规章，无权设定行政处罚种类，只是对环境法律、行政法规中设定的行政处罚种类进行梳理。

（一）警告

警告，是指环境行政处罚主体对情节轻微的违法者给予书面形式的警示、告诫及谴责，是环境行政处罚法定种类中最为轻缓的制裁方式。警告是申诫罚的一种形式，其作用是通过对环境行政违法行为人精神上的惩戒，单纯地表达环境行政处罚主体对其行为的否定性评价和谴责，以申明其有违反环境法的行为，促使其不再违法；对他人则能起到警戒作用，告诫他人不要再去实施环境违法行为。需要特别说明的是，口头警告可以理解为批评教育的一种方式，不能认定为行政处罚。

在环境行政执法实践中，可以从处罚者及被处罚者两个角度分析警告的执法效果。一方面就处罚者而言，从执法成本上看，警告与其他环境行政处罚种类相比而言差别不大，同样需要立案、调查、取证、审理、制作行政处罚决定书并送达，尽管警告在适用简易程序时成本得以降低，但较小数额的罚款同样可以适用简易程序，因此环境行政执法机关大多会选择罚款适用于轻微的环境行政违法行为。另一方面，就被处罚者而言，警告与其他环境行政处罚种类相比较，不会带来显性的物质损害，加之现有警告的惩处机制弱化，其作为申诫罚的特色也并未体现，警告对环境行政违法者的名誉、荣誉及精神利益所带来的实质损害十分有限，从而其对于被处罚者的惩罚及教育功能几乎可以忽略不计。以上两个方面的原因直接导致警告的实效差强人意，进而在立法中不受重视。① 最新修改的《环境保护法》《大气污染防治法》等法律均未规定警告处罚。但 2017 年修改的《水污染防治法》第八十八条和 2020 年修订的《固体废物污染环境防治法》第一百零八条第一款规定了警告处罚。

（二）罚款

罚款，是指环境行政处罚主体强制环境行政违法行为人承担一定数额的金钱给付义务，使其财产受到货币形式上的损失来实现惩戒目的的一种制裁手段。科处罚款，不管环境行政违法行为人是否侵犯了他人的财产权利，只要其实施了环境行政违法行为，损害了环境行政管理秩序，就可以依法处以罚款。罚款是环境行政处罚中适用范围最广的一种处罚，适用频率也最高。通过对环境行政违法行为人处以罚款，既可以使其认识到违法行为的严重性，接受教训，也可以促使其自觉守法，避免经济上再次遭受损失。罚款是解决“守法成本高，违法成本低”的最有效手段之一。在环境行政执法实践中，罚款也是最

① 程雨燕 . 环境行政处罚研究 . 广州：广东人民出版社，2013:120-121.

容易出现问题的一种行政处罚种类，如何合法合理地选择罚款幅度，是对环境行政执法者的一种极大的考验。

在《环境保护法》修订之前，我国环境保护法律和行政法规对环境违法行为的罚款处罚额度，严重低于生产经营者的防治污染成本和违法生产收益，“守法成本高，违法成本低”的现象普遍存在。这导致企业在利润最大化目标的引导下，宁可选择违法，承担相对轻微的法律责任，而不愿履行防治污染的法定义务。按日连续处罚制度打破了对环境违法行为罚款数额的限制，使“罚无上限”，对违法排污企业来说，无疑是一把高悬在头顶的“利剑”。

1. 适用按日连续处罚的违法行为种类

《环境保护法》第五十九条规定，企业事业单位和其他生产经营者违法排放污染物，受到罚款处罚，被责令改正，拒不改正的，依法作出处罚决定的行政机关可以自责令改正之日的次日起，按照原处罚数额按日连续处罚。从上述规定可以看出，企业事业单位和其他生产经营者存在“违法排放污染物”行为，是实施按日连续处罚的前提条件。我国环保法律法规对向环境排放污染物的行为做了很多义务性规定，既有命令性规定，又有禁止性规定。“违法排放污染物”即是违反法律法规规定向环境排放污染物，包含“违法”和“排放污染物”两层含义，却不是二者的简单叠加，而是强调排污行为的违法性。

《环境保护主管部门实施按日连续处罚办法》第五条规定：“排污者有下列行为之一，受到罚款处罚，被责令改正，拒不改正的，依法作出罚款处罚决定的环境保护主管部门可以实施按日连续处罚：（一）超过国家或者地方规定的污染物排放标准，或者超过重点污染物排放总量控制指标排放污染物的；（二）通过暗管、渗井、渗坑、灌注或者篡改、伪造监测数据，或者不正常运行防治污染设施等逃避监管的方式排放污染物的；（三）排放法律、法规规定禁止排放的污染物的；（四）违法倾倒危险废物的；（五）其他违法排放污染物行为。”上述规定只是对“违法排放污染物行为”进行归纳，采用的是“列举＋兜底”的方式。《环境保护法》第五十九条规定的适用按日连续处罚的违法行为种类是一个开放的体系。如《大气污染防治法》第一百二十三条规定的适用按日连续处罚的违法行为种类就增加了“未依法取得排污许可证排放大气污染物的”和“建筑施工或者贮存易产生扬尘的物料未采取有效措施防治扬尘污染的”两类。《水污染防治法》第九十五条规定：“企业事业单位和其他生产经营者违法排放水污染物，受到罚款处罚，被责令改正的，依法作出处罚决定的行政机关应当组织复查，发现其继续违法排放水污染物或者拒绝、阻挠复查的，依照《中华人民共和国环境保护法》的规定按日连续处罚。”本条规定的适用情形对《环境保护法》第五十九条规定的情形，在水污染领域进行了进一步具体化。《固体废物污染环境防治法》第一百一十九条规定：“单位和其他生产经营者违反本法规定排放固体废物，受到罚款处罚，被责令改正的，依法作出处罚决定的行政机关应当组织复查，发现其继续实施该违法行为的，依照《中华人民共和国环境保护法》的规定按日连续处罚。”

《环境保护主管部门实施按日连续处罚办法》第六条规定：“地方性法规可以根据环境保护的实际需要，增加按日连续处罚的违法行为的种类。”根据《环境保护主管部门实施按日连续处罚办法》第五条的规定，按日计罚适用于违法排污行为。但并不是说不涉及排污的环境违法行为就不能适用按日连续处罚。根据《环境保护法》第五十九条第三款的规定，地方性法规可以根据环境保护的实际需要，增加按日连续处罚的违法行为的种类。即是说，地方性法规可以根据当地环境污染状况的特点和环境保护管理的需要，在“违法排放污染物”的情形之外，规定其他环境违法行为适用按日连续处罚。在《环境保护法》规定按日连续处罚之前，一些地方性法规已经做了有益探索，并不仅限于违法排污的情形。如《深圳经济特区环境保护条例》规定，建设单位未编制环境影响评价文件或者环境影响评价文件未经审批，擅自开工建设或者投入生产、经营、使用的可以进行按日计罚。当然，地方性法规也可以扩充“违法排放污染物行为”的种类。

需要特别注意的是，上述列举并未涵盖全部的违法排放污染物行为。

2. 按日连续处罚的计罚方式

《环境保护主管部门实施按日连续处罚办法》第十七条规定，按日连续处罚的计罚日数为责令改正违法行为决定书送达排污者之日的次日起，至生态环境主管部门复查发现违法排污行为之日止；再次复查仍拒不改正的，计罚日数累计执行。这是将违法排污行为拒不改正的天数作为按日连续处罚的计罚日数。因为，“拒不改正”是实施按日连续处罚的前提，“被责令改正”又是“拒不改正”行为成立的前提。其中，累计执行的含义是生态环境主管部门检查发现排污者拒不改正违法排污行为，那么将自责令改正之日的次日起到复查（第一次）之日止的日数计入按日计罚日数；如果第二次复查发现仍拒不改正，那么再将第一次复查之日的次日起至第二次复查之日止的日数计入按日计罚日数；以此类推，直到违法排污行为终止。按日连续处罚最终的计罚日数即为第一次责令改正之日的次日起到最后一次复查发现排污者拒不改正违法排污行为之日止。原环境保护部于 2015 年 9 月 17 日在给广东省环境保护厅的《关于按日连续处罚计罚日数问题的复函》（环函〔2015〕232 号）中明确：实施按日连续处罚的计罚日数是一个连续的起止期间，排污者在期间内排污状况和生产状况如何，均不影响计罚日数的计算，即排污者在计罚周期内存在停产停业或者达标排放的日数，均不能从计罚日数中扣除。生态环境主管部门应当依据《环境保护主管部门实施按日连续处罚办法》第十七条规定的计罚日数来确定按日连续处罚的罚款数额。

《环境保护主管部门实施按日连续处罚办法》第十八条规定，再次复查时违法排放污染物行为已经改正，生态环境主管部门在之后的检查中又发现排污者违反《环境保主管部门实施按日连续处罚办法》第五条规定的情形的，应当重新作出处罚决定，按日连续处罚的计罚周期重新起算。按日连续处罚次数不受限制。生态环境主管部门检查发现并责令改正违法排污行为是按日连续处罚计罚周期的开始，违法排污行为的终止则标志着按日连续处罚计罚周期的结束。但一个按日连续处罚周期的结束，并不意味着该行为不会再次受到按日连续处罚。在之后的检查活动中，生态环境主管部门如果发现已经受到过按日连续处罚的违法排污行为再次发生，生态环境主管部门可以再次实施按日连续处罚，新的按日连续处罚计罚周期便开始了。而对于同一排污者实施的新的违法排污行为，按照《环境保护主管部门实施按日连续处罚办法》第十二条的规定，生态环境主管部门也应当另案查处，同样可以实施按日连续处罚。总的来说，无论是对同一个排污者，还是同一种违法排污行为，生态环境主管部门都可以多次实施按日连续处罚，按日连续处罚次数没有限制。

关于按日连续处罚每日的罚款数额，为原处罚决定书确定的罚款数额。每日的罚款数额应依照有关法律法规按照防治污染设施的运行成本、违法行为造成的直接损失或者违法所得等因素确定的规定执行。按照按日连续处罚规则决定的罚款数额，为原处罚决定书确定的罚款数额乘以计罚日数。按日连续处罚采取按照拒不改正违法行为的日数，不断累加罚款数额的动态罚款模式。计罚日数和日处罚数额是决定按日连续处罚的两大因素。

（三）责令限制生产、限制排放、责令停产整治、责令停产整顿、责令停工整治、责令停业、责令停业整治、责令停产停业、责令船舶临时停航、责令搬迁

限制生产，是指限制排污者的生产行为，比如减少生产量、压缩生产时间等；限制排放，是指限制排污者的污染物排放行为，比如规定排污者每日所能排放的污染物数量、浓度，禁止排放某些特定的有毒污染物，在特定的时间段不允许排污等。

责令停产整治，是指责令排污者停止生产，对生产工艺或设备进行升级改造，以达到达标排放的要求，比如对某些污染特别严重的生产项目，即使是限制生产也不能有效控制污染物的排放，可以责令停产整治。责令停产整治重点强调“整治”，“停产”只是临时性的，是否要永久性停产还需要看整治效果如何。责令停产整治，既可以针对企业停产，也可以责令某一造成超标污染的生产线停产整治，但这并不等于责令该企业停产，企业仍然可以继续运营，其他生产设施也可以继续运转。这也是责令停产整治与责令停产停业的本质区别。

责令停产整顿，是指环境行政处罚主体通过责令环境行政违法行为人停止正常生产活动进行整顿来实现惩戒目的的一种制裁手段。其含义与责令停产整治基本相同，新修订的《环境保护法》和《大气污染防治法》已不再采用“责令停产整顿”的表述方式。责令停工整治是新修订的《大气污染防治法》开始采用的一种表述方式，因为某些行业的排污者并不是生产性的，如《大气污染防治法》第一百一十五条的规定。

责令停业，是指行政机关对违反行政管理秩序的企业事业组织，责令其停止相关生产经营活动的一种行政处罚，属于行为罚的一种。

责令停业整治与责令停业相比，增加了“整治”的内容，是否能重新开业，还要看整治效果如何。如《大气污染防治法》第一百一十七条的规定。

责令停产停业，即县级以上人民政府生态环境主管部门或者其他有关部门依据职权，对违法行为人逾期不改正的，责令其在一定期限内停止生产或经营活动。规定责令停产停业的条文主要出现在《放射性污染防治法》中，如《放射性污染防治法》第五十五条的规定。

责令船舶临时停航，是指船舶由于特定违法行为被责令限期改正，但其在规定的期限届满后仍然没有改正其违法行为的，责令船舶在规定的时间范围内停止船舶从事航运活动。如《水污染防治法》第八十九条第一款的规定。

责令搬迁，是指在噪声敏感建筑物集中区域内造成严重环境噪声污染的企业事业单位，被责令限期治理，经限期治理逾期未完成治理任务的企业事业单位，除依照国家规定加收超标准排污费[①]外，可以根据所造成的危害后果责令其搬离现有位置的处罚。由于搬迁对企业的影响很大，责令搬迁与责令停业、关闭一样，应由县级以上人民政府按照国务院规定的权限决定。

（四）责令关闭

责令关闭，是指行政机关对违反行政管理秩序的企业事业单位或者其他生产经营者，通过吊销营业执照、相关许可证、停

① 环境噪声超标准排污费已于2018年1月1日停止征收。

止供水供电、封闭生产经营场所等方式禁止其继续从事相关生产经营活动的行政处罚。责令关闭对于企业来说是一种最为严厉的环境行政处罚措施，决定着排污者的生死存亡，在实施时应当慎重。因此，对于企业的停业、关闭，限于情节严重的违法行为，且应当报经有批准权的人民政府批准，或者由相关人民政府直接决定。

（五）暂扣、吊销许可证或者其他具有许可性质的证件

2021年修订的《行政处罚法》第九条第三项将“暂扣许可证件、降低资质等级、吊销许可证件”设定为行政处罚种类。与修订前的《行政处罚法》第八条第五项设定的“暂扣或者吊销许可证、暂扣或者吊销执照”略有不同。

暂扣许可证件，是指通过暂时限制管理相对人从事被许可活动的权利或资格来实现惩戒目的。吊销许可证件，是指通过使管理相对人丧失从事被许可活动的权利或资格来实现惩戒目的。

环境法律中规定的许可主要有排污许可、危险废物经营许可、海洋倾倒许可、核设施运行许可、辐射安全许可、放射性固体废物贮存许可、放射性固体废物处置许可等。其中设定了暂扣或者吊销许可证的有排污许可、危险废物经营许可、海洋倾倒许可、辐射安全许可、放射性固体废物贮存许可、放射性固体废物处置许可等。

（六）没收违法所得、没收非法财物

在环境行政执法领域，没收是指环境行政处罚主体将环境行政违法行为人所有或占有的财物收归国有的行政执法行为。没收包括没收违法所得和没收非法财物。二者之间存在时间差别，在违法行为中所处的地位不同。获取违法所得是行政相对人实施违法行为的目的或结果。违法所得所获取的经济利益在行为之前是没有的，既是违法行为

的结果，也是违法行为的转化或衍生物。非法财物一般是行政相对人在实施违法行为时已经占有的财物，该财物是为行政相对人实施违法行为提供便利或者创造条件，或者是违法行为的指向物或标的物。

（七）行政拘留

环境行政执法领域的行政拘留，是指环境行政处罚主体对行政相对人实施的在短期内限制人身自由的行政处罚。行政拘留是最严厉的行政处罚种类之一，通常适用于比较严重、但尚不构成犯罪的环境行政违法行为。

2014 年修订的《环境保护法》增加了行政拘留的规定，主要有四种情形：（1）建设项目未依法进行环境影响评价，被责令停止建设，拒不执行的；（2）违反法律规定，未取得排污许可证排放污染物，被责令停止排污，拒不执行的；（3）通过暗管、渗井、渗坑、灌注或者篡改、伪造监测数据，或者不正常运行防治污染设施等逃避监管的方式违法排放污染物的；（4）生产、使用国家明令禁止生产、使用的农药，被责令改正，拒不改正的。这 4 种情形是对我国目前环境领域中存在的较为突出的问题而作出的有针对性的规定，主观恶意较强，一般处罚难以制止。依照法律规定，行政拘留的最高期限为 15 日，《环境保护法》第六十三条又进一步作了区分，符合法定情形的，对其直接负责的主管人员和其他直接责任人员，处 10 日以上 15 日以下拘留；情节较轻的，处 5 日以上 10 日以下的拘留。

《土壤污染防治法》第八十七条规定："违反本法规定，向农用地排放重金属或者其他有毒有害物质含量超标的污水、污泥，以及可能造成土壤污染的清淤底泥、尾矿、矿渣等的，由地方人民政府生态环境主管部门责令改正，处十万元以上五十万元以下的罚款；情节严重的，处五十万元以上二百万元以下的罚款，并可以将案件移送公安机关，对直接负责的主管人员和其他直接责任人员处五日以上十五日以下的拘留；有违法所得的，没收违法所得。”第九十四条规定“违反本法规定，土壤污染责任人或者土地使用权人有下列行为之一的，由地方人民政府生态环境主管部门或者其他负有土壤污染防治监督管理职责的部门责令改正，处二万元以上二十万元以下的罚款；拒不改正的，处二十万元以上一百万元以下的罚款，并委托他人代为履行，所需费用由土壤污染责任人或者土地使用权人承担；对直接负责的主管人员和其他直接责任人员处五千元以上二万元以下的罚款：（一）未按照规定进行土壤污染状况调查的；（二）未按照规定进行土壤污染风险评估的；（三）未按照规定采取风险管控措施的；（四）未按照规定实施修复的；（五）风险管控、修复活动完成后，未另行委托有关单位对风险管控效果、修复效果进行评估的。土壤污染责任人或者土地使用权人有前款第三项、第四项规定行为之一，情节严重的，地方人民政府生态环境主管部门或者其他负有土壤污染防治监督管理职责的部门可以将案件移送公安机关，对直接负责的主管人员和其他直接责任人员处五日以上十五日以下的拘留。”

2020年修订的《固体废物污染环境防治法》第一百二十条规定：“违反本法规定，有下列行为之一，尚不构成犯罪的，由公安机关对法定代表人、主要负责人、直接负责的主管人员和其他责任人员处十日以上十五日以下的拘留；情节较轻的，处五日以上十日以下的拘留：（一）擅自倾倒、堆放、丢弃、遗撒固体废物，造成严重后果的；（二）在生态保护红线区域、永久基本农田集中区域和其他需要特别保护的区域内，建设工业固体废物、危险废物集中贮存、利用、处置的设施、场所和生活垃圾填埋场的；（三）将危险废物提供或者委托给无许可证的单位或者其他生产经营者堆放、利用、处置的；（四）无许可证或者未按照许可证规定从事收集、贮存、利用、处置危险废物经营活动的;(五)未经批准擅自转移危险废物的;(六)未采取防范措施,造成危险废物扬散、流失、渗漏或者其他严重后果的。”可以看出,对于违反本法规定,有《固体废物污染环境防治法》第一百二十条规定行为之一,尚不构成犯罪的,由公安机关对法定代表人、主要负责人、直接负责的主管人员和其他责任人员作出拘留决定,而不再要求生态环境主管部门或者其他负有固体废物污染环境防治监督管理职责的部门移送。

根据新修订的《行政处罚法》第十八条的规定,限制人身自由的行政处罚权只能由公安机关和法律规定的其他机关行使。据此,《环境保护法》第六十三条规定,对所列举的、尚不构成犯罪的四类违法行为,环境保护主管部门或者其他有关部门无权直接拘留,应当将案件移送公安机关,由公安机关依法处以拘留。移送主体包括:(1)生态环境主管部门;(2)其他负有环境保护监督管理职责的部门,即《环境保护法》第六十三条规定的“其他有关部门”,包括农业农村部门、工业和信息化部门、市场监督管理部门。

为做好《环境保护法》第六十三条贯彻执行工作,正确适用法律,精确打击严重的环境违法行为,完善环境监管行政执法与行政拘留的衔接规范,便于行政监管部门依法开展环境监管执法工作,由公安部牵头制定了《行政主管部门移送适用行政拘留环境违法案件暂行办法》(以下简称《办法》)。

第一,建设项目未依法进行环境影响评价,被责令停止建设,拒不执行的行为。包括以下情形:(1)送达责令停止建设决定书后,再次检查发现仍在建设的;(2)现场检查时虽未建设,但有证据证明在责令停止建设期间仍在建设的;(3)被责令停止建设后,拒绝、阻扰生态环境主管部门或者其他负有环境保护监督管理职责的部门核查的。生态环境主管部门是环评的审查机关，对“未评先建”项目有权责令停止。针对未依法进行环评应当分情况先行处理，对未依法报批、未重新报批、未报请重新审核的，应当依《环境影响评价法》第三十一条第一款作出责令停止建设决定书；对已报批、已报请重新审核但未获批准而开工的，应当依《环境影响评价法》第三十一条第二款作出行政处罚决定书。发现当事人继续建设的，才能依本《办法》进行移送。由于环评审批权属于生态环境主管部门，责令停止的命令也由其作出，第（1）项、第（2）项中的“检查”主体是专指生态环境主管部门。核查主体是所有具有环境监督管理职责的部门。

第二，违反法律规定，未取得排污许可证排放污染物，被责令停止排污，拒不执行的行为。包括以下情形：（1）送达责令停止排污决定后，再次检查发现仍在排污的；（2）现场检查虽未发现当场排污的，但有证据证明在被责令停止排污期间有过排污事实的；（3）被责令停止排污后，拒绝、阻挠生态环境主管部门或者其他具有环境保护管理职责的部门核查的。上述“核查”内容包括：通过对排污单位的生产经营场所进行现场检查、调取相关资料、询问当事人、制作调查笔录等方式，核实排污者在未取得排污许可证阶段的排污数量、污染物类型等情况。“拒绝核查”是指排污单位负责人及其工作人员，或者受其怂恿、教唆的其他人员，以封闭生产经营场等方式拒绝让核查人员进入现场，或者紧急性暂停排污，拒绝让核查人员掌握其实际排放量、浓度等情况；拒绝提供由其控制的相关材料，拒绝配合制作法律文书等行为。“阻挠核查”是指人为地制造阻碍因素干扰正常的核查程序，以威胁、利诱的方式劝挠核查人员弱化执法意愿。包括：召集群体性聚集，采取威胁、恐吓、侮辱等手段，或者采取贿赂等利益诱惑性行为，意在阻挠核查人员进行正常工作的行为。

第三，通过暗管、渗井、渗坑、灌注等逃避监管的方式违法排放污染物的行为，是指通过暗管、渗井、渗坑、灌注等不经法定排放口排放污染物等逃避监管的方式违法排放污染物。“暗管”是指通过隐蔽的方式达到规避监管目的而设置的排污管道，包括埋入地下的水泥管、瓷管、塑料管等，以及地上的临时排污管道；“渗坑、渗井”指无防渗漏措施或起不到防渗作用的、封闭或半封闭的坑、塘、井和沟、渠等；“灌注”指通过高压深井向地下排放污染物。上述的“逃避监管”指所有不经法定排污口排放污染物的情形，暗管、渗井、渗坑、灌注是其中具有代表性的四种行为，但不以此为限。需要说明的是，排污企业事业单位或者其他经营者如果已经修建了暗管、渗井、渗坑、灌注等设施，但有明确的证据证明行为尚未实际用于污染物排放，也就尚未实施逃避监管的行为，生态环境主管部门应当依法实施限期拆除或者强制拆除、罚款、停业整顿等处理措施，不能向公安机关移送。同时，只要经过暗管、渗井、渗坑、灌注等非法定排污口实施了排污行为，无论其排放量大小、污染物种类、造成的损失或者社会影响范围等方面的行为情节，都应当向公安机关移送。如果构成犯罪的，应当依法追究刑事责任。

第四，通过篡改、伪造监测数据等逃避监管的方式违法排放污染物行为，是指篡改、伪造用于监控、监测污染物排放的手工及自动监测仪器设备的监测数据，包括以下情形：（1）违反国家规定，对污染源监控系统进行删除、修改、增加、干扰，或者对污染源监控系统中的存储、处理、传输的数据和应用程序进行删除、修改、增加，造成污染源监控系统不能正常运行的；（2）破坏、损毁监控仪器站房、通讯线路、信息采集传输设备、视频设备、电力设备、空调、风机、采样泵及其他监控设施的，以及破坏、损毁监控设施采样管线，破坏、损毁监控仪器、仪表的；（3）稀释排放的污染物故意干扰监测数据的；（4）其他使监测、监控设施不能正常运行的情形。

第五，通过不正常运行防治污染设施等逃避监管的方式违法排放污染物的行为，包括以下情形：（1）将部分或全部污染物不经过处理设施，直接排放的；（2）非紧急情况下开启污染物处理设施的应急排放阀门，将部分或者全部污染物直接排放的；（3）将未处理的污染物从污染物处理设施的中间工序引出直接排放的；（4）在生产经营或者作业过程中，停止运行污染物处理设施的；（5）违反操作规程使用污染物处理设施，致使设施不能正常发挥作用的；（6）污染物处理设施发生故障后，排污单位不及时或者不按规程进行检查和维修，致使处理设施不能正常发挥处理作用的；（7）其他不正常运行污染防治设施的情形。

第六，生产、使用国家明令禁止生产、使用的农药，被责令改正，拒不改正的行为，包括以下情形：（1）送达责令改正文书后再次检查发现仍在生产、使用的；（2）无正当理由不及时完成责令改正文书规定的改正要求的；（3）送达责令改正文书后，拒绝、阻挠环境保护、农业、工业与信息化、质量监督检验检疫等主管部门核查的。“国家明令禁止生产、使用的农药”是指法律、行政法规和国家有关部门规章、规范性文件明令禁止生产、使用的农药。

《环境保护法》第六十三条规定的“直接负责的主管人员”是指违法行为主要获利者和在生产、经

营中有决定权的管理、指挥、组织人员;“其他直接责任人员”是指直接排放、倾倒、处置污染物或者篡改、伪造监测数据的工作人员等。判断“直接责任”应当从个人身份、行为与违法后果间的因果关系等来进行,包括违法排放的意志作出者、传递者、执行者,总体来说有如下两种情形。一是直接负责的主管人员,理解法律规定的“直接负责的主管人员”要把握两点:第一,他们是掌有实际管理权限的人员,必须是单位主要领导、领导机构成员、主管某方面工作或某些部门的领导人员;第二,他们的管理权限、职责与违法排放行为具有直接关系,如果其领导职务与排污的生产经营活动没有直接关系,则对违法排污不应当负直接责任。二是其他直接责任人员,“其他直接责任人员”是指以其身体行动执行的操作人员,是排污单位中除管理者、指挥者、组织者之外的其他人员,他们可能是执行管理者、指挥者、组织者的指令,也可能在没有指令的情形下实际作出违法行为。其他直接责任人员应当对其实施的直接排放、倾倒、处置污染物行为,或者实际篡改、伪造监测数据行为负责,与直接责任人员的责任范围有所不同。

二、环境行政命令

环境行政命令,是指环境行政执法主体对实施了环境行政违法行为的行政相对人所作出的具有约束力但不具有惩戒性的具体行政行为。《环境行政处罚办法》第十二条规定,根据环境保护法律、行政法规和部门规章,责令改正或者限期改正违法行为的行政命令的具体形式有:(1)责令停止建设;(2)责令停止试生产;[①](3)责令停止生产或者使用;(4)责令限期建设配套设施;[②](5)责令重新安

① 根据《国务院关于第一批取消62项中央指定地方实施行政审批事项的决定》(国发〔2015〕57号),环境保护部门涉及的取消事项为建设项目试生产的审批,审批部门为省、市和县环境保护行政主管部门。其设立依据为《建设项目竣工环境保护验收管理办法》(国家环境保护总局令第13号)。

② 责令限期建设配套设施仅见于修订前的《大气污染防治法》第六十条。2015年新修订的《大气污染防治法》删除了该条规定。

装使用；[①]（6）责令限期拆除；（7）责令停止违法行为；（8）责令限期治理；[②]（9）法律、法规或者规章设定的责令改正或者限期改正违法行为的行政命令的其他具体形式。根据最高人民法院关于行政行为种类和规范行政案件案由的规定，行政命令不属行政处罚。行政命令不适用行政处罚程序的规定。

环境法律设定的责令改正或者限期改正违法行为的行政命令的其他具体形式还有以下几种形式：（1）责令恢复原状；（2）责令公开；（3）责令停止排污；（4）责令退还；（5）责令召回；（6）责令有关企业停产或者限产、限制部分机动车行驶、禁止燃放烟花爆竹、停止工地土石方作业和建筑物拆除施工、停止露天烧烤、停止幼儿园和学校组织的户外活动、组织开展人工影响天气作业等应急措施；（7）责令有关企业事业单位和其他生产经营者采取停止排放水污染物等措施；（8）责令停止导致或者可能导致环境污染事故的作业；（9）责令退运；（10）责令进口者消除污染；（11）责令采取补救措施；（12）责令非法运输该危险废物的船舶退出中华人民共和国管辖海域等。

三、行政强制措施

（一）查封、扣押措施

1. 查封、扣押的适用范围

《环境保护主管部门实施查封、扣押办法》第四条规定：“排污者有下列情形之一的，环境保护主管部门依法实施查封、扣押：（一）违法排放、倾倒或者处置含传染病病原体的废物、危险废物、

①责令重新安装使用曾被规定在修改前的《海洋环境保护法》第七十八条。2016年11月7日第十二届全国人民代表大会常务委员会第二十四次会议通过的《关于修改〈中华人民共和国海洋环境保护法〉的决定》删除了该条规定。

②2014年修订的《环境保护法》对限期治理制度并未作出具体决定。目前，在环境保护单行法中对限期治理的规定还可继续执行，但在治理期间不得超标超总量排污。不得将有关法律中规定的治理期限，作为按日计罚的责令改正违法排污行为的期限，以变相允许违法排污者逃避法律制裁。

含重金属污染物或者持久性有机污染物等有毒物质或者其他有害物质的；（二）在饮用水水源一级保护区、自然保护区核心区违反法律法规规定排放、倾倒、处置污染物的；（三）违反法律法规规定排放、倾倒化工、制药、石化、印染、电镀、造纸、制革等工业污泥的；（四）通过暗管、渗井、渗坑、灌注或者篡改、伪造监测数据，或者不正常运行防治污染设施等逃避监管的方式违反法律法规规定排放污染物的；（五）较大、重大和特别重大突发环境事件发生后，未按照要求执行停产、停排措施，继续违反法律法规规定排放污染物的；（六）法律、法规规定的其他造成或者可能造成严重污染的违法排污行为。有前款第（一）项、第（二）项、第（三）项、第（六）项情形之一的，环境保护主管部门可以实施查封、扣押；已造成严重污染或者有前款第（四）项、第（五）项情形之一的，环境保护主管部门应当实施查封、扣押。”根据《环境保护法》第二十五条规定，实施查封、扣押的条件是违法排污，造成或可能造成严重污染。违法排污是一项范围比较宽的条件，既包括超标、超总量排放污染物，也包括未经环评审批、验收等手续而排放污染物等。造成严重污染的情形的认定，《最高人民法院、最高人民检察院关于办理环境污染刑事案件适用法律若干问题的解释》（法释〔2016〕29号）有具体规定。至于什么是可能造成严重污染的情形，《环境保护主管部门实施查封、扣押办法》第四条遵循立足实际、从严设置的原则，同时注重与《环境保护法》新增的按日连续罚等其他措施既有所区别又内在统一，将这一条件具体细化为六种具备必要性和紧迫性特征的适用情形。

需要说明的是，适用《环境保护主管部门实施查封、扣押办法》第四条第（六）项实施查封、扣押，需要法律、法规的明确规定，如《大气污染防治法》第三十条规定："企业事业单位和其他生产经营者违反法律法规规定排放大气污染物，造成或者可能造成严重大气污染，或者有关证据可能灭失或者被隐匿的，县级以上人民政府生态环境主管部门和其他负有大气环境保护监督管理职责的部门，可以对有关设施、设备、物品采取查封、扣押等行政强制措施。"又如《土壤污染防治法》第七十八条规定："企业事业单位和其他生产经营者违反法律法规规定排放有毒有害物质，造成或者可能造成严重土壤污染的，或者有关证据可能灭失或者被隐匿的，生态环境主管部门和其他负有土壤污染防治监督管理职责的部门，可以查封、扣押有关设施、设备、物品。"新修订的《固体废物污染环境防治法》第二十七条规定："有下列情形之一，生态环境主管部门和其他负有固体废物污染环境防治监督管理职责的部门，可以对违法收集、贮存、运输、利用、处置的固体废物及设施、设备、场所、工具、物品予以查封、扣押：（一）可能造成证据灭失、被隐匿或者非法转移的；（二）造成或者可能造成严重环境污染的。"《水污染防治法》《环境噪声污染防治法》《放射性污染防治法》《海洋环境保护法》《环境影响评价法》《建设项目环境保护管理条例》等无相关规定。

从上述规定可以看出，关于适用情形，无论是《环境保护法》还是各单行法，均将"违法排污，造成或可能造成严重污染的"情形规定为可以实施查封、扣押的情形；《大气污染防治法》《土壤污染防治法》和新修订的《固体废物污染环境防治法》又将"有关证据可能灭失或者被隐匿的"情形规定为可以实施查封、扣押的情形；新修订的《固体废物污染环境防治法》单独将"可能非法转移的"情形规定为可以实施查封、扣押的情形。关于查封、扣押的对象，无论是《环境保护法》还是各单行法，均将“设施、设备”列为查封、扣押的对象；《大气污染防治法》《土壤污染防治法》和新修订的《固体废物污染环境防治法》又将“物品”列为实施查封、扣押的对象；新修订的《固体废物污染环境防治法》单独将“场所、工具”列为查封、扣押的对象。

《环境保护主管部门实施查封、扣押办法》第五条进一步规定：“环境保护主管部门查封、扣押排污者造成污染物排放的设施、设备，应当符合有关法律的规定。不得重复查封、扣押排污者已被依法查封的设施、设备。对不易移动的或者有特殊存放要求的设施、设备，应当就地查封。查封时，可以在该设施、设备的控制装置等关键部件或者造成污染物排放所需供水、供电、供气等开关阀门张贴封条。”另外，《行政强制法》第二十三条规定了三个禁止原则：一是不得查封、扣押与违法行为无关的场所、设施或者财物；二是不得查封、扣押公民个人及其扶养家属的生活必需品；三是不得重复查封已被其他国家机关依法查封的场所、设施或者财物。

行政强制不是为了强制而强制，而是着眼于解决问题，在维护行政强制权威的同时，其根本目的在于对公共利益和社会秩序的维护。查封、扣押作为一种行政强制措施，应遵循行政比例原则，实施非强制性管理措施可以达到行政管理目的的，不得实施行政强制措施。生态环境主管部门在实施查封、扣押时，一定要认真领会行政比例原则和立法原意，对涉及民生、公共利益、影响安全生产的设施和设备要谨慎实施，确保不滥用、不乱用，以免导致新的、更严重的环境风险。所以，《环境保护主管部门实施查封、扣押办法》第六条对环境保护查封、扣押适用的例外情形作了如下规定：“具备下列情形之一的排污者，造成或者可能造成严重污染的，环境保护主管部门应当按照有关环境保护法律法规予以处罚，可以不予实施查封、扣押：（一）城镇污水处理、垃圾处理、危险废物处置等公共设施的运营单位；（二）生产经营业务涉及基本民生、公共利益的；（三）实施查封、扣押可能影响生产安全的。”

（二）行政强制执行措施

根据《行政强制法》第十二条的规定，行政强制执行的方式：（1）加处罚款或者滞纳金；（2）划拨存款、汇款；（3）拍卖或者依法处理查封、扣押的场所、设施或者财物；（4）排除妨碍、恢复原状；（5）代履行；（6）其他强制执行方式。其第十三条进一步规定：“行政强制执行由法律设定。法律没有规定行政机关强制执行的，作出行政决定的行政机关应当申请人民法院强制执行。”根据现行环境法律的规定，本部分重点介绍加处罚款或者滞纳金、代履行等几种行政强制执行方式。

1. 加处罚款或者滞纳金的依据

《行政强制法》第四十五条第一款规定：“行政机关依法作出金钱给付义务的行政决定，当事人逾期不履行的，行政机关可以依法加处罚款或者滞纳金。加处罚款或者滞纳金的标准

应当告知当事人。”这里所说的“法”是广义的，包括法律、法规和规章。加处罚款或者滞纳金是典型的间接强制执行，而非直接强制执

行。加处罚款或者滞纳金是通过给当事人增加额外金钱负担的方式，迫使当事人尽快履行行政决定，从而提高行政效率。

根据新修订的《行政处罚法》第七十二条第一项的规定，当事人到期不缴纳罚款的，作出行政处罚决定的行政机关可以每日按罚款数额的百分之三加处罚款，加处罚款的数额不得超出罚款的数额。

2. 代履行

代履行，是指当事人拒绝履行或者没有能力履行义务时，行政机关决定由他人代替当事人履行义务，履行费用由当事人承担。代履行是与执行罚、直接强制执行并列的一种行政强制执行方式。《行政强制法》第五十条规定："行政机关依法作出要求当事人履行排除妨碍、恢复原状等义务的行政决定，当事人逾期不履行，经催告仍不履行，其后果已经或者将危害交通安全、造成环境污染或者破坏自然资源的，行政机关可以代履行，或者委托没有利害关系的第三人代履行。"

根据《行政强制法》第五十一条的规定，代履行应当遵守下列规定：（一）代履行前送达决定书，代履行决定书应当载明当事人的姓名或者名称、地址，代履行的理由和依据、方式和时间、标的、费用

预算以及代履行人；（二）代履行三日前，催告当事人履行，当事人履行的，停止代履行；（三）代履行时，作出决定的行政机关应当派员到场监督；（四）代履行完毕，行政机关到场监督的工作人员、代履行人和当事人或者见证人应当在执行文书上签名或者盖章。代履行的费用按照成本合理确定，由当事人承担。但是，法律另有规定的除外。代履行不得采用暴力、胁迫以及其他非法方式。

根据《行政强制法》第五十二条的规定，需要立即清除道路、河道、航道或者公共场所的遗洒物、障碍物或者污染物，当事人不能清除的，行政机关可以决定立即实施代履行；当事人不在场的，行政机关应当在事后立即通知当事人，并依法作出处理。本条所规定的立即代履行为普遍授权，即任何行政机关只要在其职权范围内，符合《行政强制法》第五十二条规定条件的，都可以依照《行政强制法》第五十二条规定立即实施清除污染物等的代履行。在立即实施代履行中，尽管程序简化了，但当事人自动履行优先的原则也是适用的，一般也应当有书面代履行决定。[①]

① 乔晓阳．中华人民共和国行政强制法解读．北京：中国法制出版社，2011:170.

PART 6

第六章

被处罚后如何救济自己的权利?

“有权利，必有救济”。不能提供救济的权利难以称之为有效权利。行政救济有广义和狭义之分。广义的行政救济包括行政法制监督、行政责任、行政申诉、控告、检举、行政复议、行政诉讼、行政赔偿、行政补偿和补救等，包括了权力对行政权的监督和权利对行政权的监督。而狭义的行政救济仅指行政复议、行政诉讼和行政赔偿，属于权利对行政权的监督。

一、环境行政复议

环境行政复议，是指公民、法人或者其他组织等行政相对人认为环境行政机关的具体行政行为侵犯其合法权益，按照法定的程序和条件，向作出该行为的上一级行政机关或者法律、法规规定的行政机关提出申请，由受理该申请的行政机关依照法定程序和权限，对被复议的具体行政行为的合法性和适当性进行全面审查并作出复议决定的活动。

（一）环境行政复议和环境行政诉讼应如何选择?

行政复议与行政诉讼是两种不同性质的监督，各有所长但不能互相取代。在具体的制度设计上，或将行政复议作为行政诉讼的前置阶段，或由行政相对人选择救济途径，或在行政相对人选择复议救济途径之后，仍允许其提起行政诉讼。根据《最高人民法院关于适用〈中华人民共和国行政诉讼法〉的解释》（法释〔2018〕1号，以下简称《刑诉法解释》）第五十六条、第五十七条、第五十八条的规定，可以具体区分如下：

（1）法律、法规规定应当先申请复议，公民、法人或者其他组织未申请复议直接提起诉讼的，人民法院裁定不予立案。

（2）复议机关不受理复议申请或者在法定期限内不作出复议决定，公民、法人或者其他组织不服，依法向人民法院提起诉讼的，人民法院应当依法立案。

（3）法律、法规未规定行政复议为提起行政诉讼必经程序，公民、法人或者其他组织既提起诉讼又申请行政复议的，由先立案的机关管辖；同时立案的，由公民、法人或者其他组织选择。公民、法人或者其他组织已经申请行政复议，在法定复议期间内又向人民法院提起诉讼的，人民法院裁定不予立案。

（4）法律、法规未规定行政复议为提起行政诉讼必经程序，公民、法人或者其他组织向复议机关申请行政复议后，又经复议机关同意撤回复议申请，在法定起诉期限内对原行政行为提起诉讼的，人民法院应当依法立案。

（二）环境行政复议的受案范围有哪些？

根据《行政复议法》第六条和《环境行政复议办法》第七条的规定，公民、法人或者其他组织可以依法对下述具体环境行政行为申请行政复议：

1. 环境行政处罚行为

包括环境行政机关作出的警告、罚款、责令停止生产或者使用、暂扣、吊销许可证、没收违法所得等行政处罚。

2. 环境行政强制行为

包括对环境行政机关作出的查封、扣押造成污染物排放的设施、设备等行政强制措施。

3. 环境行政许可行为

包括认为符合法定条件，申请环境行政机关颁发包括排污许可证、危险废物经营许可证等证书，或者申请审批、登记等有关事项，环境行政机关没有依法办理的；或者对环境行政机关有关许可证、资质证、资格证等证书的变更、中止、撤销、注销决定不服的。

4. 科加环境行政相对人义务的行为

环境行政机关科加行政相对人义务的行为，如要求行政相对人作出某种行为（如无偿提供劳务、接收无业人员就业等）或不作出某种行为（如要求企业放弃陈述申辩权或听证申请权），行政相对人只要认为行政机关科加给自己的这些义务是违法的，均可以申请行政复议。

5. 行政不作为

行政不作为是指行政机关不履行法律、法规赋予其履行的职责。不作为一般应具备两个条件：一是相应行政机关具有法定职责，二是行政相对人已向行政机关保护其权益的申请。

6. 行政给付行为

行政给付行为作为行政复议的客体主要包括以下三种情形，一是行政相对人申请行政机关依法给付，行政机关拒绝发放的，这种行为同时构成行政不作为；二是行政机关违反法定条件、标准、程序等实施给付，如违法添加给付条件、降低给付标准、增加给付手续；三是行政机关故意拖延给付的。

7. 侵犯行政相对人合法权益的其他具体行政行为

这是行政复议范围的一个兜底条款，如果行政相对人对行政机关的某一行政行为不服，又难以将该行为归入上述行为范畴，只要行政相对人能够提出行政机关的相应行政行为侵犯了某一法律、法规赋予自己的某一权益，也可以向行政复议机关申请复议。

(三)谁可以申请环境行政复议?

根据《行政复议法》第十条、《行政复议法实施条例》第五条、第六条、第七条、第八条的规定，行政复议申请人是指对行政机关作出的具体行政行为不服，认为该行为违法和侵犯其合法权益，依法向行政复议机关申请行政复议的公民、法人或者其他组织，具体可以再细分为以下几类：

(1)有权申请行政复议的法人或者其他组织终止的，承受其权利的法人或者其他组织可以申请行政复议。

(2)合伙企业申请行政复议的，应当以核准登记的企业为复议申请人，由执行合伙事务的合伙人代表该企业参加行政复议；其他合伙组织申请行政复议的，由合伙人共同作为复议申请人申请行政复议。

(3)其他不具备法人资格的组织申请行政复议的，由该组织的主要负责人代表该组织参加行政复议；没有主要负责人的，由共同推选的其他成员代表该组织参加行政复议。

(4)股份制企业的代表大会、股东代表大会、董事会认为行政机关作出的行政行为侵犯企业合法权益的，可以以企业的名义申请行政复议。

(5)中外合作经营企业的合作一方，认为中外合作经营企业合法权益受具体行政行为侵害的，可以依法以自己的名义申请行政复议。

行政复议期间，法人的法定代表人发生职务变动的，自职务变动之日起，原担任法定代表人的人员即不得以该法人的名义进行行政复议。

同一行政复议案件申请人超过 5 人的，应推选 1 ～ 5 名代表参加行政复议。

行政复议申请人可以委托 1 ～ 2 名代理人参加行政复议。申请人委托代理人的，应当向行政复议机关提交授权委托书。授权委托书应当载明委托事项、权限和期限。公民在特殊情况下无法书面委托的，可以口头委托。口头委托的，行政复议机关应当核实并记录在案。申请人解除或者变更委托的，应当书面报告行政复议机关。

（四）环境行政复议还可以有第三人吗？

关于行政复议第三人，《行政复议法》第十条第三款规定，同申请行政复议的具体行政行为有利害关系的其他公民、法人或者其他组织，可以作为第三人参加行政复议。“同申请行政复议的具体行政行为有利害关系”，是指复议机关对具体行政行为的复议决定会影响其他公民、法人或者组织的合法权益。

第三人参加到行政复议程序中有通知和申请两种，《行政复议法实施条例》第九条规定，行政复议期间，行政复议机构认为申请人以外的公民、法人或者其他组织与被审查的具体行政行为有利害关系的，可以通知其作为第三人参加行政复议。行政复议期间，申请人以外的公民、法人或者其他组织与被审查的具体行政行为有利害关系的，可以向行政复议机构申请作为第三人参加行政复议。第三人不参加行政复议，不影响行政复议案件的审理。

（五）环境行政复议如何申请？

行政复议申请是行政复议程序的启动，没有行政相对人的申请，行政复议机关不能主动进行复议。

1. 环境行政复议申请的时限

根据《行政复议法》第九条的规定，公民、法人或者其他组织认为具体行政行为侵犯其合法权益的，可以自知道该具体行政行为之日起 60 日内提出行政复议申请；但是法律规定的申请期限超过 60 日的除外。因不可抗力或其他正当理由耽误法定申请期限的，申请期限自障碍消除之日起继续计算。

行政机关作出的行政行为对公民、法人或者其他组织的权利、义务可能产生不利影响的，应当告知其申请行政复议的权利、行政复议机关和行政复议期限。

2. 环境行政复议的申请形式

根据《行政复议法》第十一条、《行政复议法实施条例》第十八条、第十九条、第二十条的规定，申请人申请行政复议，可以书面申请，也可以口头申请；口头申请的，复议机关应当当场记录申请人的基本情况、行政复议请求、申请行政复议的主要事实、理由和时间。

（六）环境行政复议审查什么内容?

根据合法性与适当性的要求，环境行政复议机关应当对被申请人作出的原具体行政行为的下列几方面进行审查：

1. 权限审查

即审查作出原具体环境行政行为的行政机关是否存在超越职权的情形，主要有以下几种：

（1）有权限的越权。主要包括：跨部门行使裁决权的横向越权；跨地域行使裁决权的横向越权；越级行使裁决权的纵向越权，即上下级行政机关之间一方行使了另一方的行政权力，包括下级行政机关行使了属于上级行政机关的职权。

（2）无权限的越权。主要包括：行政机关行使了其他国家机关的职权；行政机关在资格转移或丧失后，仍继续行使原行政机关的职权；行政机关工作人员在未被任命前或免除职务后实施的具体行政行为；行政机关以外的企事业单位、社会团体和其他组织和个人，在无法律授权或行政主体合法委托的情况下行使了行政机关的职权。

（3）内容上的越权。主要包括：行政机关超越了法律、法规规定的范围、程度、手段等情形，如超过了法定范围，使用了法律、法规没有规定的执法手段；超越了法律、法规规定的处罚幅度。

2. 事实审查

案件事实清楚、证据确实充分，是原具体行政行为合法性的重要条件，也是行政复议机关审查的关键。

3. 法律适用审查

根据我国现行的法律、法规、规章，审查被申请人作出具体环境行政行为时适用的法律依据是否正确。适用法律依据错误包括以下情形：

（1）适用规范性质错误，即应当适用甲法而适用了乙法。

（2）适用无效规范，如适用了尚未生效的法律规范，或适用已经失效的法律规范。

（3）越权适用规范，行政机关只能适用自己有权适用的法律法规，并在法律法规规定的范围内实施具体行政行为。

（4）规避应适用的规范，即选择对自己有利的法律规范而规避对自己不利的法律规范。

（5）适用法律条款错误，表现为误用法条，即应用某法的甲条而适用了某法的乙条；引用法条残缺，即应当同时适用某法的多条却只适用了其中的一条，或者应当同时适用几个法规的条款，却只适用了其中一个法规或部分法规的条款；误用条、项、目，即应用某法条中的甲项而适用了乙项。

（6）适用法律法规对象错误，是指行政机关对不具备法定条件的行为人赋予权利，或科处义务，或进行处罚。

4. 程序审查

对被申请人作出具体环境行政行为时是否违反法定程序，及其形式的合法性进行全面审查。一般对程序的合法性从以下四个方面进行审查：

（1）是否违反法定的处理程序。如新修订的《行政处罚法》第六十三条规定，行政机关作出较大数额罚款；没收较大数额违法所得、没收较大价值非法财物；降低资质等级、吊销许可证件；责令停产停业、责令关闭、限制从业等行政处罚决定之前，应当告知当事人有要求听证的权利。倘若行政机关剥夺了当事人的听证权，即径行作出较大数额罚款；没收较大数额违法所得、没收较大价值非法财物；降低资质等级、吊销许可证件；责令停产停业、责令关闭、限制从业等行政处罚决定，即属违反法定处理程序。

（2）是否属于先处罚后取证。环境行政执法主体应该在搞清事实的基础上，依照法律法规的规定，作出具体环境行政行为，否则即属于程序违法行为。

（3）是否违反法定形式。环境行政执法主体在作出具体环境行政行为时应当制作、送达行政处理决定书，否则即属于程序违法行为。

（4）是否向当事人告知过回避权、陈述申辩权、听证权、复议权、诉讼权，否则即属于程序违法行为。

5. 适当性审查

环境行政复议机关对原具体行政行为的适当性进行审查，包括滥用职权以及明显不当，“滥用职权”应理解为主观方面的标准，即行政机关在其法定权限范围内，基于某种不正当的考虑，不正当地行使职权，故意作出不符合法律授予这种职权的目的、精神与原则的行政行为的情况；而“明显不当”可以理解为客观方面的标准，即具体行政行为的客观过程不符合正当程序、客观结果不符合比例原则和平等原则。

（七）环境行政复议决定有哪些种类？

《行政复议法》第二十八条规定，行政复议机关负责法制工作的机构应当对被申请人作出的具体行政行为进行审查，提出意见，经行政复议机关的负责人同意或者集体讨论通过后，作出行政复议决定，行政复议决定可以细分为以下几类：

1. 维持决定

对被申请的行政行为，复议机关经审查后认为：事实清楚，证据确凿；适用法律、法规、规章和具有普遍约束力的决定、命令正确；符合法定程序；内容适当的，应当依法作出维持该行政行为的复议决定。

2. 履行决定

是指行政复议机关责令被申请的行政机关在一定期限内履行法定职责的决定，适用于被申请人不履行法定职责或拖延履行法定职责的情形。

3. 撤销决定

主要适用于事实不清、证据不足的；依据错误的；违反法定程序的；超越或者滥用职权的；具体行政行为明显不当的行政行为；被申请人不依法提出复议书面答复、提交当初作出行政行为的证据、依据和其他有关材料的。

4. 变更决定

对具有撤销决定情形的被申请复议行政行为，如果适用变更决定更有利于行政复议目的的实现，行政复议机关可作出变更决定。变更决定一般适用于认定事实清楚，证据确凿，程序合法，但是明显不当或者适用依据错误的；或认定事实不清，证据不足，但是经行政复议机关审理查明事实清楚，证据确凿的行政行为。

5. 确认违法决定

对具有撤销决定情形的被申请复议行政行为，如果撤销有损重大公共利益或第三人重大利益，或者因时过境迁，撤销已无意义，行政复议机关可作出确认行政行为违法的决定。确认行政行为违法，如相应行政行为已造成行政相对人权益损害，可同时责令被申请人赔偿相对人损失。

行政复议机关决定撤销或者确认行政行为违法的，可以责令被申请人在一定期限内重新作出行政行为。原具体环境行为作出机关应当在法律、法规、规章规定的期限内重新作出具体行政行为；法律、法规、规章未规定期限的，重新作出具体行政行为的期限为60日。公民、法人或者其他组织对被申请人重新作出的具体行政行为不服，可以依法申请行政复议或者提起行政诉讼。

《行政复议法》第二十八条还规定，行政复议机关责令被申请人重新作出行政行为的，被申请人不得以同一的事实和理由作出与原行政行为相同或基本相同的行政行为。

6. 驳回复议申请决定

适用于申请人认为行政机关不履行法定职责申请行政复议，行政复议机关受理后发现该行政机关没有相应法定职责或者在受理前已经履行法定职责的；或受理行政复议申请后，发现该行政复议申请不符合《行政复议法》及《行政复议法实施条例》规定的受理条件的。

（八）环境行政复议中也可以和解与调解吗?

关于和解，《行政复议法实施条例》第四十条规定，公民、法人或者其他组织对行政机关行使法律、法规规定的自由裁量权作出的具体行政行为不服申请行政复议，申请人与被申请人在行政复议决定作出前自愿达成和解的，应当向行政复议机关提交书面和解协议；和解内容不损害社会公共利益和他人合法权益的，行政复议机关应当准许。

关于调解，《行政复议法实施条例》第五十条规定，对于公民、法人或者其他组织对行政机关行使法律、法规规定的自由裁量权作出的具体行政行为不服申请行政复议的，以及当事人之间的行政赔偿或者行政补偿纠纷，行政复议机关可以按照自愿、合法的原则进行调解。当事人经调解达成协议的，行政复议机关应当制作行政复议调解书。调解书应当载明行政复议请求、事实、理由和调解结果，并加盖行政复议机关印章。行政复议调解书经双方当事人签字，即具有法律效力。调解未达成协议或者调解书生效前一方反悔的，行政复议机关应当及时作出行政复议决定。

二、环境行政诉讼

环境行政诉讼，是指作为行政相对人的公民、法人或者其他组织，认为环境行政机关或法律、法规和规章授权的组织及其工作人员所实施的环境行政行为侵犯其合法权益，依法向人民法院提起诉讼，人民法院依法对被诉环境行政行为进行审查并作出裁决的活动。

（一）环境行政诉讼的受案范围有哪些？

根据《行政诉讼法》第十二条、第十三条和《最高人民法院关于适用 < 中华人民共和国行政诉讼法 > 的解释 >》第一条、第二条的规定，结合环境行政执法实际，环境行政诉讼的受案范围包括以下几类：

（1）对行政处罚与行政命令不服的；

（2）对行政强制措施和行政强制执行不服的；

（3）对行政许可不服的；

（4）对不履行法定职责不服的；

（5）认为侵犯经营自主权的，如环境行政机关要求企业以特定的方式使用污染防治设施或者责令其停止某生产车间的生产行为，都可以成为侵犯经营自主权的行为；

（6）认为行政机关滥用行政权力排除或限制竞争的；

（7）认为行政机关违法要求其履行义务的；

（8）认为行政机关侵犯其他人身权、财产权等合法权益的；

（9）人民法院受理法律、法规规定可以提起诉讼的其他行政案件。

环境行政诉讼不予受理的范围则包括以下几类：

（1）国防、外交等国家行为；

（2）行政法规、规章或者行政机关制定、发布的具有普遍约束力的决定、命令。所谓“具有普遍约束力的决定、命令”是指行政机关针对不特定对象发布的能反复适用的规范性文件；

（3）行政机关对行政机关工作人员的奖惩、任免等决定；

（4）法律规定由行政机关最终裁决的行政行为，“法律”是指全国人民代表大会及其常务委员会制定、通过的规范性文件；

（5）公安、国家安全等机关依照刑事诉讼法的明确授权实施的行为；

（6）调解行为以及法律规定的仲裁行为；

（7）行政指导行为；但是，如果行政机关以行政指导的形式，作出了发生行政法律关系的意思表示或者实施了事实上影响行政相对人的行为，那么这种行为就不再是行政指导行为，当事人对此种行为不服，可以向人民法院提起行政诉讼。

（8）驳回当事人对行政行为提起申诉的重复处理行为；

（9）行政机关作出的不产生外部法律效力的行为；

（10）行政机关为作出行政行为而实施的准备、论证、研究、层报、咨询等过程性行为；

（11）行政机关根据人民法院的生效裁判、协助执行通知书作出的执行行为，但行政机关扩大执行范围或者采取违法方式实施的除外；

（12）上级行政机关基于内部层级监督关系对下级行政机关作出的听取报告、执法检查、督促履责等行为；

（13）行政机关针对信访事项作出的登记、受理、交办、转送、复查、复核意见等行为；

（14）对公民、法人或者其他组织权利义务不产生实际影响的行为。

1. 哪些人可以当原告？

原告是启动行政诉讼的一方当事人。根据《行政诉讼法》第二十五条的规定，环境行政诉讼的原告是环境行政行为的相对人以及其他与环境行政行为有利害关系的公民、法人或者其他组织。有权提起诉讼的法人或者其他组织终止，承受其权利的法人或者其他组织可以提起诉讼。

《最高人民法院关于适用 < 中华人民共和国行政诉讼法 > 的解释 >》第十二条明确，有下列情形之一的，属于“与行政行为有利害关系”：（一）被诉的行政行为涉及其相邻权或者公平竞争权的；（二）在行政复议等行政程序中被追加为第三人的；（三）要求行政机关依法追究加害人法律责任的；（四）撤销或者变更行政行为涉及其合法权益的；（五）为维护自身合法权益向行政机关投诉，具有处理投诉职责的行政机关作出或者未作出处理的；（六）其他与行政行为有利害关系的情形。

2. 谁是被告？

被告是被原告起诉到法院的、由法院通知应诉的行政机关。《行政诉讼法》第二十六条第一款规定，当事人直接向人民法院提起诉讼的，作出行政行为的行政机关是被告。

（1）未经复议的案件，作出行政行为的行政机关是被告。

（2）对经过复议的案件提起行政诉讼时，被告资格的确定分为以下几种情形：

①复议机关维持原行政行为的，作出原行政行为的行政机关和复议机关是共同被告；

②复议机关改变原行政行为的，复议机关是被告；

③复议机关不作为的，由当事人选择原行政机关还是复议机关作被告。

3. 哪些人可以作为第三人参加行政诉讼？

行政诉讼中的第三人是指除原、被告之外，与被诉行政行为或者案件处理结果有利害关系，为维持自己的合法权益，参加到已经开始的诉讼中的公民、法人或者其他组织，包括行政机关。根据《行政诉讼法》第二十九条和《最高人民法院关于适用 < 中华人民共和国行政诉讼法 > 的解释 >》第二十六条、第三十条的规定，第三人参加已经开始的行政诉讼有两种方式：一是申请参加；二是法院通知参加。必须由法院通知参加诉讼的有两种情形：一是应当追加被告而原告不同意追加的，人民法院应当通知其以第三人的身份参加诉讼，但行政复议机关作共同被告的除外；二是行政机关的同一行政行为涉及两个以上利害关系人，其中一部分利害关系人对行政行为不服提起诉讼，人民法院应当通知没有起诉的其他利害关系人作为第三人参加诉讼。

4. 如何委托诉讼代理人参加行政诉讼？

《行政诉讼法》第三十一条规定，当事人、法定代理人，可以委托律师、基层法律服务工作者；当事人的近亲属或者工作人员；当事人所在社区、单位以及有关社会团体推荐的公民中的一至二人作为诉讼代理人。

根据《行政诉讼法》第三十二条和《最高人民法院关于适用<中华人民共和国行政诉讼法>的解释>》第三十一条、第三十二条、第三十三条的规定，委托诉讼代理人，有以下几点需要注意：

（1）当事人委托诉讼代理人，应当向人民法院提交由委托人签名或者盖章的授权委托书。委托书应当载明委托事项和具体权限。公民在特殊情况下无法书面委托的，也可以由他人代书，并由自己捺印等方式确认，人民法院应当核实并记录在卷；被诉行政机关或者其他有义务协助的机关拒绝人民法院向被限制人身自由的公民核实的，视为委托成立。当事人解除或者变更委托的，应当书面报告人民法院。

（2）与当事人有合法劳动人事关系的职工，可以当事人工作人员的名义作为诉讼代理人。以当事人的工作人员身份参加诉讼活动，应当提交以下证据之一加以证明：缴纳社会保险记录凭证；领取工资凭证；其他能够证明其为当事人工作人员身份的证据。

（3）有关社会团体推荐公民担任诉讼代理人的，应当符合下列条件：社会团体属于依法登记设立或者依法免予登记设立的非营利性法人组织；被代理人属于该社会团体的成员，或者当事人一方住所地位于该社会团体的活动地域；代理事务属于该社会团体章程载明的业务范围；被推荐的公民是该社会团体的负责人或者与该社会团体有合法劳动人事关系的工作人员。

（4）诉讼代理人享有下列权利：代理诉讼的律师，有权按照规定查阅、复制本案有关材料，有权向有关组织和公民调查，收集与本案有关的证据。对涉及国家秘密、商业秘密和个人隐私的材料，应当依照法律规定保密。当事人和其他诉讼代理人有权按照规定查阅、复制本案庭审材料，但涉及国家秘密、商业秘密和个人隐私的内容除外。

（二）环境行政诉讼的审理程序是什么？

1. 起诉

《行政诉讼法》第四十六条规定，公民、法人或者其他组织直接向人民法院提起诉讼的，应当自知道或者应当知道作出行政行为之日起 6 个月内提出。法律另有规定的除外。因不动产提起诉讼的案件自行政行为作出之日起超过二十年，其他案件自行政行为作出之日起超过五年提起诉讼的，人民法院不予受理。《最高人民法院关于适用 < 中华人民共和国行政诉讼法 > 的解释 >》第六十五条规定，公民、法人或者其他组织不知道行政机关作出的行政行为内容的，其起诉期限从知道或者应当知道该行政行为内容之日起计算，但最长不得超过行政诉讼法第四十六条第二款规定的起诉期限。

行政机关作出行政行为时，应当履行教示义务，《最高人民法院关于适用 < 中华人民共和国行政诉讼法 > 的解释 >》第六十四条规定，未告知公民、法人或者其他组织起诉期限的，起诉期限从公民、法人或者其他组织知道或者应当知道起诉期限之日起计算，但从知道或者应当知道行政行为内容之日起最长不得超过一年。复议决定未告知公民、法人或者其他组织起诉期限的，适用前款规定。①

关于不服行政复议决定的起诉期限，《行政诉讼法》第四十五条规定，公民、法人或者其他组织不服复议决定的，可以在收到复议决

① “知道或应当知道”的举证责任主体是行政机关；关于起诉人“知道或应当知道的程度”，只要起诉人知道起诉的对象是什么，知道向哪个法院提起诉讼即可。

定书之日起 15 日内向人民法院提起诉讼。复议机关逾期不作出决定的，申请人可以在复议期满之日起 15 日内向人民法院提起诉讼。法律另有规定的除外。

关于行政机关不履行法定职责的起诉期限，《行政诉讼法》第四十七条规定，公民、法人或者其他组织申请行政机关履行保护其人身权、财产权等合法权益的法定职责，行政机关在接到申请之日起两个月内不履行的，公民、法人或者其他组织可以向人民法院提起诉讼。法律、法规对行政机关履行职责的期限另有规定的，从其规定。[①] 公民、法人或者其他组织在紧急情况下请求行政机关履行保护其人身权、财产权等合法权益的法定职责，行政机关不履行的，提起诉讼不受前款规定期限的限制。关于起诉期限，《最高人民法院关于适用 < 中华人民共和国行政诉讼法 > 的解释 >》第六十六条明确规定：公民、法人或者其他组织依照行政诉讼法第四十七条第一款的规定，对行政机关不履行法定职责提起诉讼的，应当在行政机关履行法定职责期限届满之日起六个月内提出。

关于起诉期限扣除和延长，《行政诉讼法》第四十八条规定，公民、法人或者其他组织因不可抗力或者其他不属于其自身的原因耽误起诉期限的，被耽误的时间不计算在起诉期限内。公民、法人或者其他组织因前款规定以外的其他特殊情况耽误起诉期限的，在障碍消除后十日内，可以申请延长期限，是否准许由人民法院决定。

所谓不可抗力，是指相对人不能预见、不能避免且不能克服的事由，如地震、洪灾以及台风、冰冻等气象灾害等。其他不属于其自身

① 《政府信息公开条例》第二十四条：行政机关收到政府信息公开申请，能够当场答复的，应当当场予以答复。行政机关不能当场答复的，应当自收到申请之日起 15 个工作日内予以答复；如需延长答复期限的，应当经政府信息公开工作机构负责人同意，并告知申请人，延长答复的期限最长不得超过 15 个工作日。申请公开的政府信息涉及第三方权益的，行政机关征求第三方意见所需时间不计算在本条第二款规定的期限内。

的原因主要是不可抗力之外的其他客观原因，如病重而在一定时间内无法正确表达意志等。

关于原告的起诉材料，《最高人民法院关于适用 < 中华人民共和国行政诉讼法 > 的解释 >》第五十四条规定，当事人提起诉讼时应当提交以下起诉材料：（一）原告的身份证明材料以及有效联系方式；（二）被诉行政行为或者不作为存在的材料；（三）原告与被诉行政行为具有利害关系的材料；（四）人民法院认为需要提交的其他材料。由法定代理人或者委托代理人代为起诉的，还应当在起诉状中写明或者在口头起诉时向人民法院说明法定代理人或者委托代理人的基本情况，并提交法定代理人或者委托代理人的身份证明和代理权限证明等材料。

关于“有明确的被告”，根据《最高人民法院关于适用 < 中华人民共和国行政诉讼法 > 的解释 >》第六十七条的规定，是原告提供被告的名称等信息足以使被告与其他行政机关相区别。起诉状列写被告信息不足以认定明确的被告的，人民法院可以告知原告补正；原告补正后仍不能确定明确的被告的，人民法院裁定不予立案。

关于“有具体的诉讼请求”，根据《最高人民法院关于适用 < 中华人民共和国行政诉讼法 > 的解释 >》第六十八条的规定，是指有下列请求之一的：（一）请求判决撤销或者变更行政行为；（二）请求判决行政机关履行特定法定职责或者给付义务；（三）请求判决确认行政行为违法；（四）请求判决确认行政行为无效；（五）请求判决行政机关予以赔偿或者补偿，应当有具体的赔偿、补偿事项以及数额；（六）请求解决行政协议争议；（七）请求一并审查规章以下规范性文件，应当提供明确的文件名称或者审查对象；（八）请求一并解决相关民事争议，应当有具体的民事诉讼请求；（九）其他诉讼请求。如果当事人未能正确表达诉讼请求的，人民法院应当要求其明确诉讼请求。

2. 第一审判决的种类

第一，判决驳回原告诉讼请求。《行政诉讼法》第六十九条规定，行政行为证据确凿，适用法律、法规正确，符合法定程序的，或者原告申请被告履行法定职责或者给付义务理由不成立的，人民法院判决驳回原告的诉讼请求。

第二，判决撤销或部分撤销，并可以判决被告重新作出行政行为。《行政诉讼法》第七十条规定，行政行为有下列情形之一的，人民法院判决撤销或部分撤销，并可以判决被告重新作出行政行为：（一）主要证据不足的；（二）适用法律、法规错误的；（三）违反法定程序的；（四）超越职权的；（五）滥用职权的；（六）明显不当的。

《行政诉讼法》第七十一条规定，人民法院判决被告重新作出行政行为的，被告不得以同一事实和理由作出与原行政行为基本相同的行政行为。

第三，判决被告履行。《行政诉讼法》第七十二条规定，人民法院经过审理，查明被告不履行法定职责的，判决被告在一定期限内履行。《最高人民法院关于适用 < 中华人民共和国行政诉讼法 > 的解释 >》第九十一条补充一点：尚需被告调查或者裁量的，应当判决被告针对原告的请求重新作出处理。

第四，判决履行给付义务。《行政诉讼法》第七十三条规定，人民法院经过审理，查明被告依法负有给付义务的，判决被告履行给付义务。

第五，判决确认违法。《行政诉讼法》第七十四条规定，行政行为有下列情形之一的，人民法院判决确认违法，但不撤销行政行为：

（一）行政行为依法应当撤销，但撤销会给国家利益、社会公共利益造成重大损害的；（二）行政行为程序轻微违法，但对原告权利不产生实际影响的。行政行为有下列情形之一，不需要撤销或者判决履行的，人民法院判决确认违法：（一）行政行为违法，但不具有可撤销内容的；（二）被告改变原违法行政行为，原告仍要求确认原行政行为违法的；（三）被告不履行或者拖延履行法定职责，判决履行没有意义的。

《最高人民法院关于适用＜中华人民共和国行政诉讼法＞的解释＞》第九十六条规定，有下列情形之一，且对原告依法享有的听证、陈述、申辩等重要程序性权利不产生实质损害的，属于行政诉讼法第七十四条第一款第二项规定的“程序轻微违法”：（一）处理期限轻微违法；（二）通知、送达等程序轻微违法；（三）其他程序轻微违法的情形。[①]

第六，判决确认无效。《行政诉讼法》第七十五条规定，行政行为有实施主体不具有行政主体资格或者没有依据等重大且明显违法情形，原告申请确认行政行为无效的，人民法院判决确认无效。《最高人民法院关于适用＜中华人民共和国行政诉讼法＞的解释＞》第九十九条规定，有下列情形之一的，属于行政诉讼法第七十五条规定的“重大且明显违法”：（一）行政行为实施主体不具有行政主体资格；（二）减损权利或者增加义务的行政行为没有法律规范依据；（三）行政行为的内容客观上不可能实施；（四）其他重大且明显违法的情形。

《行政诉讼法》第七十六条规定，人民法院判决确认违法或者无效的，可以同时判决责令被告采取补救措施；给原告造成损失的，依法判决被告承担赔偿责任。《最高人民法院关于适用＜中华人民共和

① 与“程序轻微违法”对应的“重要程序性权利产生实际损害的程序违法”，主要包括未依法举行听证、未遵守回避原则、作出不利行政行为时未听取利害关系人的陈述、申辩等。

国行政诉讼法 > 的解释 >》第九十五条进一步明确规定，人民法院经审理认为被诉行政行为违法或者无效，可能给原告造成损失，经释明，原告请求一并解决行政赔偿争议的，人民法院可以就赔偿事项进行调解；调解不成的，应当一并判决。人民法院也可以告知其就赔偿事项另行提起诉讼。

第七，判决变更。《行政诉讼法》第七十七条规定，行政处罚明显不当，或者其他行政行为涉及对款额的确定、认定确有错误的，人民法院可以判决变更。人民法院判决变更，不得加重原告的义务或者减损原告的权益。但利害关系人同为原告，且诉讼请求相反的除外。

第八，判决承担继续履行、采取补救措施或者赔偿损失。《行政诉讼法》第七十八条第一款规定，被告不依法履行、未按照约定履行或者违法变更、解除本法第十二条第一款第十一项规定的协议的，人民法院判决被告承担继续履行、采取补救措施或者赔偿损失等责任。

3. 第二审程序的裁决

《行政诉讼法》第八十九条规定，人民法院审理上诉案件，按照下列情形，分别处理：

第一，原判决、裁定认定事实清楚，适用法律、法规正确的，判决或者裁定驳回上诉，维持原判决、裁定；

第二，原判决、裁定认定事实错误或者适用法律、法规错误的，依法改判、撤销或者变更；

第三，原判决认定基本事实不清、证据不足的，发回原审人民法院重审，或者查清事实后改判；

第四，原判决遗漏当事人或者违法缺席判决等严重违反法定程序的，裁定撤销原判决，发回原审人民法院重审。

原审人民法院对发回重审的案件作出判决后，当事人提起上诉的，第二审人民法院不得再次发回重审。人民法院审理上诉案件，需要改变原审判决的，应当同时对被诉行政行为作出判决。

三、环境行政赔偿

《国家赔偿法》第二条第一款规定，国家机关和国家机关工作人员行使职权，有本法规定的侵犯公民、法人和其他组织合法权益的情形，造成损害的，受害人有依照本法取得国家赔偿的权利。

（一）国家应予行政赔偿的范围是哪些?

1. 侵犯人身权的行政赔偿

根据《国家赔偿法》第三条的规定，行政机关及其工作人员在行使行政职权时有下列侵犯人身权情形之一的，受害人有取得赔偿的权利：

（1）违法拘留或者违法采取限制公民人身自由的行政强制措施的；

（2）非法拘禁或者以其他方法非法剥夺公民人身自由的；

（3）以殴打等暴力行为或者唆使他人以殴打等暴力行为造成公民身体伤害或者死亡的；

（4）违法使用武器、警械造成公民身体伤害或者死亡的；

（5）造成公民身体伤害或者死亡的其他违法行为。

2. 侵犯财产权的行为

根据《国家赔偿法》第四条的规定，行政机关及其工作人员在行使行政职权时有下列侵犯财产权情形之一的，受害人有取得赔偿的权利：

（1）违法实施罚款、吊销许可证和执照、责令停产停业、没收财物等行政处罚的；

（2）违法对财产采取查封、扣押、冻结等行政强制措施的；

（3）违法征收、征用财产的；

（4）造成财产损害的其他违法行为。

3. 国家不予赔偿的范围

根据《国家赔偿法》第五条的规定，属于下列情形之一的，国家不承担赔偿责任：

（1）行政机关工作人员与行使职权无关的个人行为；

（2）因公民、法人和其他组织自己的行为致使损害发生的；

（3）法律规定的其他情形。

（二）环境行政赔偿义务机关是谁？

根据《国家赔偿法》第七条、第八条的规定，行政赔偿义务机关有以下几种：

（1）行政机关及其工作人员行使行政职权侵犯公民、法人和其他组织的合法权益造成损害的，该行政机关为赔偿义务机关；

（2）两个以上行政机关共同行使行政职权时侵犯公民、法人和其他组织的合法权益造成损害的，共同行使行政职权的行政机关为共同赔偿义务机关；

（3）法律、法规授权的组织在行使授予的行政权力时侵犯公民、法人和其他组织的合法权益造成损害的，被授权的组织为赔偿义务机关；

（4）受行政机关委托的组织或者个人在行使受委托的行政权力时侵犯公民、法人和其他组织的合法权益造成损害的，委托的行政机

关为赔偿义务机关;

（5）赔偿义务机关被撤销的，继续行使其职权的行政机关为赔偿义务机关；没有继续行使其职权的行政机关的，撤销该赔偿义务机关的行政机关为赔偿义务机关;

（6）经复议机关复议的，最初造成侵权行为的行政机关为赔偿义务机关，但复议机关的复议决定加重损害的，复议机关对加重的部分履行赔偿义务。

PART 7

第七章

如何应对突发环境事件（含重污染天气）？

一、突发环境事件如何分级?

突发环境事件分级是分级响应的首要判定依据。《国家突发环境事件应急预案（2014 版）》按照事件严重程度，将突发环境事件分为特别重大、重大、较大和一般四级。

（一）特别重大突发环境事件

凡符合下列情形之一的，为特别重大突发环境事件：

（1）因环境污染直接导致 30 人以上死亡或 100 人以上中毒或重伤的；

（2）因环境污染疏散、转移人员 5 万人以上的；

（3）因环境污染造成直接经济损失 1 亿元以上的；

（4）因环境污染造成区域生态功能丧失或该区域国家重点保护物种灭绝的；

（5）因环境污染造成设区的市级以上城市集中式饮用水水源地取水中断的；

（6）Ⅰ、Ⅱ类放射源丢失、被盗、失控并造成大范围严重辐射污染后果的；放射性同位素和射线装置失控导致 3 人以上急性死亡的；放射性物质泄漏，造成大范围辐射污染后果的；

（7）造成重大跨国境影响的境内突发环境事件。

（二）重大突发环境事件

凡符合下列情形之一的，为重大突发环境事件：

（1）因环境污染直接导致 10 人以上 30 人以下死亡或 50 人以上 100 人以下中毒或重伤的；

（2）因环境污染疏散、转移人员 1 万人以上 5 万人以下的；

（3）因环境污染造成直接经济损失 2 000 万元以上 1 亿元以下的；

（4）因环境污染造成区域生态功能部分丧失或该区域国家重点保护野生动植物种群大批死亡的；

（5）因环境污染造成县级城市集中式饮用水水源地取水中断的；

（6）Ⅰ、Ⅱ类放射源丢失、被盗的；放射性同位素和射线装置失控导致3人以下急性死亡或者10人以上急性重度放射病、局部器官残疾的；放射性物质泄漏，造成较大范围辐射污染后果的；

（7）造成跨省级行政区域影响的突发环境事件。

（三）较大突发环境事件

凡符合下列情形之一的，为较大突发环境事件：

（1）因环境污染直接导致3人以上10人以下死亡或10人以上50人以下中毒或重伤的；

（2）因环境污染疏散、转移人员5 000人以上1万人以下的；

（3）因环境污染造成直接经济损失500万元以上2 000万元以下的；

（4）因环境污染造成国家重点保护的动植物物种受到破坏的；

（5）因环境污染造成乡镇集中式饮用水水源地取水中断的；

（6）Ⅲ类放射源丢失、被盗的；放射性同位素和射线装置失控导致10人以下急性重度放射病、局部器官残疾的；放射性物质泄漏，造成小范围辐射污染后果的；

（7）造成跨设区的市级行政区域影响的突发环境事件。

（四）一般突发环境事件

凡符合下列情形之一的，为一般突发环境事件：

（1）因环境污染直接导致3人以下死亡或10人以下中毒或重伤的；

（2）因环境污染疏散、转移人员 5 000 人以下的；

（3）因环境污染造成直接经济损失 500 万元以下的；

（4）因环境污染造成跨县级行政区域纠纷，引起一般性群体影响的；

（5）Ⅳ、Ⅴ类放射源丢失、被盗的；放射性同位素和射线装置失控导致人员受到超过年剂量限值的照射的；放射性物质泄漏，造成厂区内或设施内局部辐射污染后果的；铀矿冶、伴生矿超标排放，造成环境辐射污染后果的；

（6）对环境造成一定影响，尚未达到较大突发环境事件级别的。

上述分级标准有关数量的表述中，“以上”含本数，“以下”不含本数。

二、企业有哪些环境安全主体责任？

《环境保护法》第四十七条对环境应急工作进行了系统全面的规定，明确要求企事业单位要做好突发环境事件的风险控制、应急准备、应急处置和事后恢复等工作。2015 年新出台的《突发环境事件应急管理办法》（环境保护部令第 34 号）则在修订后的《环境保护法》和《突发事件应对法》的指导下对企事业单位应对突发环境事件的具体工作职责作了更加明确、具体的规定。2015 年新修订的《大气污染防治法》，2014 年新修订的《国家突发环境事件应急预案》，2014 年出台的《突发环境事件调查处理办法》，2011 年公布的《突发环境事件信息报告办法》及《水污染防治法》《固体废物污染环境防治法》等法律及规范性通知都对企事业单位的突发环境事件应急管理职责作了相应的要求。

企业事业单位是环境安全的责任主体，《环境保护法》第六条规定：“企业事业单位和其他生产经营者应当防止、减少环境污染和生态破坏”，《环境保护法》第四十七条规定：“企业事业单位应当依照《中华人民共和国突发事件应对法》的规定，做好突发环境事件的风险控制、应急准备、应急处置和事后恢复等工作”，《国务院关于加强环境保护重点工作的意见》（国发〔2011〕35号）规定：“健全责任追究制度，严格落实企业环境安全主体责任”，《国家突发环境事件应急预案》3.1监测和风险分析规定：“企业事业单位和其他生产经营者应当落实环境安全主体责任”。

企事业单位的环境安全主体责任主要体现在日常管理和事件应急两大方面。在日常管理中，企事业单位主要负有开展环境风险评估、完善环境风险防控措施、排查治理环境安全隐患、制定环境应急预案并备案、演练以及加强环境应急能力保障建设等职责；在事件应急状态下，企事业单位主要负有应急处置、信息报告与通报、协助并接受调查处理以及承担损害赔偿等职责。另外，无论在日常管理还是事件应急阶段，企事业单位都要按照有关规定做好信息公开工作。

（一）开展突发环境事件风险评估

可能发生突发环境事件的企业应该按照相关法律法规要求开展环境风险评估工作，划定企业环境风险等级，编制或修订环境风险评估报告，制定相应的环境风险防范措施。

主要法律依据如下：

（1）《突发环境事件应急管理办法》第八条规定：“企业事业单位应当按照国务院环境保护主管部门的有关规定开展突发环境事件风险评估，确定环境风险防范和环境安全隐患排查治理措施。”

（2）《突发事件应急预案管理办法》第十五条规定：“编制应急预案应当在开展风险评估和应急资源调查的基础上进行。”

（3）《化学品环境风险防控“十二五”规划》（环发〔2013〕20号）：

“企业组织开展环境风险评估和后评估，设置厂界环境监测与预警装置，推进与监管部门联网，定期排查评估环境安全隐患并及时治理。”

（二）完善突发环境事件风险防控措施

可能发生突发环境事件的企业事业单位，在日常管理中要加强环境风险防范，采取措施尽可能避免突发环境事件的发生。

主要法律依据如下：

（1）《突发事件应对法》第二十二条规定：“所有单位应当建立健全安全管理制度，定期检查本单位各项安全防范措施的落实情况，及时消除事故隐患；掌握并及时处理本单位存在的可能引发社会安全事件的问题，防止矛盾激化和事态扩大；对本单位可能发生的突发事件和采取安全防范措施的情况，应当按照规定及时向所在地人民政府或者人民政府有关部门报告。”

（2）《水污染防治法》第六十七条第二款规定：“生产、储存危险化学品的企业事业单位，应当采取措施，防止在处理安全生产事故过程中产生的可能严重污染水体的消防废水、废液直接排入水体。”

（3）《固体废物污染环境防治法》第八十六条规定：“因发生事故或者其他突发性事件，造成危险废物严重污染环境的单位，应当立即采取有效措施消除或者减轻对环境的污染危害，及时通报可能受到污染危害的单位和居民，并向所在地生态环境主管部门和有关部门报告，接受调查处理”。

（4）《国家突发环境事件应急预案》3.1 监测和风险分析：“企业事业单位和其他生产经营者应当落实环境安全主体责任，定期排查环境安全隐患，开展环境风险评估，健全风险防控措施。”

（5）《突发环境事件应急管理办法》第九条规定：“企业事业单位应当按照环境保护主管部门的有关要求和技术规范，完善突发环境事件风险防控措施。”

（三）排查治理环境安全隐患

企事业单位应建立健全环境安全隐患排查治理体系，对生产经营过程中存在的人、物、管理等方面的环境安全隐患进行主动排查，并对发现的隐患进行治理。

主要法律依据如下：

（1）《突发事件应对法》第二十三条规定：“矿山建筑施工单位和易燃易爆物品、危险化学品、放射性物品等危险物品的生产、经营、储运、使用单位，应当制定具体应急预案，并对生产经营场所、有危险物品的建筑物、构筑物及周边环境开展隐患排查，及时采取措施消除隐患，防止发生突发事件。”

（2）《国务院关于加强环境保护重点工作的意见》：“对化学品生产经营企业进行环境隐患排查，对海洋、江河湖泊沿岸化工企业进行综合整治，强化安全保障措施。”

（3）《突发环境事件应急管理办法》第十条规定：“企业事业单位应当按照有关规定建立健全环境安全隐患排查治理制度，建立隐患排查治理档案，及时发现并消除环境安全隐患。对于发现后能够立即治理的环境安全隐患，企业事业单位应当立即采取措施，消除环境安全隐患。对于情况复杂、短期内难以完成治理，可能产生较大环境危害的环境安全隐患，应当制定隐患治理方案，落实整改措施、责任、资金、时限和现场应急预案，及时消除隐患。”

（四）制定突发环境事件应急预案并备案、演练

有环境风险隐患、可能发生突发环境事件的企业事业单位，应按法律法规制定突发环境事件应急预案，按要求进行应急演练和修订完

善，并及时备案。

主要法律依据如下：

（1）《水污染防治法》第六十七条第一款规定：“可能发生水污染事故的企业事业单位，应当制定有关水污染事故的应急方案，做好应急准备，并定期进行演练。”

（2）《固体废物污染环境防治法》第八十五条规定：“产生、收集、贮存、运输、利用、处置危险废物的单位，应当依法制定意外事故的防范措施和应急预案，并向所在地生态环境主管部门和其他负有固体废物污染环境防治监督管理职责的部门备案；生态环境主管部门和其他负有固体废物污染环境防治监督管理职责的部门应当进行检查。”

（3）《危险化学品安全管理条例》第七十条规定：“危险化学品单位应当制定本单位危险化学品事故应急预案，配备应急救援人员和必要的应急救援器材、设备，并定期组织应急救援演练。危险化学品单位应当将其危险化学品事故应急预案报所在地设区的市级人民政府安全生产监督管理部门备案。”

（4）《突发环境事件应急管理办法》第十三条规定：“企业事业单位应当按照国务院环境保护主管部门的规定，在开展突发环境事件风险评估和应急资源调查的基础上制定突发环境事件应急预案，并按照分类分级管理的原则，报县级以上环境保护主管部门备案。”

《突发环境事件应急管理办法》第十五条规定：“突发环境事件应急预案制定单位应当定期开展应急演练，撰写演练评估报告，分析存在问题，并根据演练情况及时修改完善应急预案。”

（5）《企业事业单位突发环境事件应急预案备案管理办法（试行）》（环发〔2015〕4号）第八条规定：“企业是制定环境应急预案的责任主体，根据应对突发环境事件的需要，开展环境应急预案制定工作，对环境应急预案内容的真实性和可操作性负责。企业可以自行编制环境应急预案，也可以委托相关专业技术服务机构编制环境应急预案。委托相关专业技术服务机构编制的，企业指定有关人员全程参与。”

《企业事业单位突发环境事件应急预案备案管理办法（试行）》（环发〔2015〕4号）第十二条规定：“企业结合环境应急预案实施情况，至少每三年对环境应急预案进行一次回顾性评估。存在环境风险发生重大变化、应急管理组织指挥体系与职责发生重大变化等情形的，应及时修订。”

《企业事业单位突发环境事件应急预案备案管理办法（试行）》（环发〔2015〕4号）第十四条规定：“企业环境应急预案应当在环境应急预案签署发布之日起20个工作日内，向企业所在地县级环境保护主管部门备案。”

（五）加强环境应急能力保障建设

企业事业单位应当按照相关法律法规和标准规范的要求，加强环境应急能力保障建设，包括环境应急培训、环境应急队伍、能力建设以及应急物质保障等。

主要法律依据如下：

（1）《突发事件应对法》第二十九条规定：“居民委员会、村民委员会、企业事业单位应当根据所在地人民政府的要求，结合各自的实际情况开展有关突发事件应急知识的宣传普及活动和必要的应急演练。”

（2）《突发环境事件应急管理办法》第七条规定：“环境保护主管部门和企业事业单位应当加强突发环境事件应急管理的宣传和教育，鼓励公众参与，增强防范和应对突发环境事件的知识和意识。”

第十九条规定：“企业事业单位应当将突发环境事件应急培训纳

入单位工作计划，对从业人员定期进行突发环境事件应急知识和技能培训并建立培训档案，如实记录培训的时间、内容、参加人员等信息。”

第二十二条规定：“企业事业单位应当储备必要的环境应急装备和物资，并建立完善相关管理制度。”

(3)《企业事业单位突发环境事件应急预案备案管理办法(试行)》（环发〔2015〕4号）第十一条规定：“企业根据有关要求，结合实际情况，开展环境应急预案的培训、宣传和必要的应急演练，发生或者可能发生突发环境事件时及时启动环境应急预案。”

（六）积极开展应急处置

在发生或者可能发生突发环境事件时，企业事业单位应当立即采取措施处理，清除或减轻污染危害。

主要法律依据如下：

（1）《突发事件应对法》第五十六条第一款规定：“受到自然灾害危害或者发生事故灾难、公共卫生事件的单位，应当立即组织本单位应急救援队伍和工作人员营救受害人员，疏散、撤离、安置受到威胁的人员，控制危险源，标明危险区域，封锁危险场所，并采取其他防止危害扩大的必要措施。”

（2）《环境保护法》第四十七条规定：“在发生或者可能发生突发环境事件时，企业事业单位应当立即采取措施处理。”

（3）《水污染防治法》第六十八条第一款规定：“企业事业单位发生事故或者其他突发性事件，造成或者可能造成水污染事故的，应当立即启动本单位的应急方案，采取应急措施。”

（4）《大气污染防治法》第九十七条规定：“发生造成大气污染的突发环境事件，人民政府及其有关部门和相关企业事业单位，应当依照《中华人民共和国突发事件应对法》《中华人民共和国环境保护法》的规定，做好应急处置工作。”

（5）《固体废物污染环境防治法》第八十六条规定：“因发生事故或者其他突发性事件，造成危险废物严重污染环境的单位，应当立即采取有效措施消除或者减轻对环境的污染危害，及时通报可能受到污染危害的单位和居民，并向所在地生态环境主管部门和有关部门报告，接受调查处理。”

（6）《危险化学品安全管理条例》第五十一条规定：“发生危险化学品事故，事故单位主要负责人应当立即按照本单位危险化学品应急救援组织预案，立即组织救援。”

（7）《突发环境事件应急管理办法》第二十三条规定：“企业事业单位造成或者可能造成突发环境事件时，应当立即启动突发环境事件应急预案，采取切断或者控制污染源以及其他防止危害扩大的必要措施……应急处置期间，企业事业单位应当服从统一指挥，全面、准确地提供本单位与应急处置相关的技术资料，协助维护应急现场秩序，保护与突发环境事件相关的各项证据。”

（8）《国家突发环境事件应急预案》4.2.1 现场污染处置：“涉事企业事业单位或其他生产经营者要立即采取关闭、停产、封堵、围挡、喷淋、转移等措施，切断和控制污染源，防止污染蔓延扩散。做好有毒有害物质和消防废水、废液等的收集、清理和安全处置工作。”

（七）信息报告与通报

一旦发生或者可能发生突发环境事件，企事业单位可拨打“12369”向当地生态环境主管部门报告，也可以通过“110”“119”公共举报电话、网络等形式向有关部门报告。当事故发生造成或者可能造成其他单位和居民受到污染危害时，企事业单位应及时进行通报可能受到危害的单位和居民。

主要法律依据如下：

（1）《环境保护法》第四十七条规定："在发生或者可能发生突发环境事件时，企业事业单位应当立即采取措施处理，及时通报可能受到危害的单位和居民，并向环境保护主管部门和有关部门报告。"

（2）《水污染防治法》第六十八条第一款规定："企业事业单位发生事故或者其他突发性事件，造成或者可能造成水污染事故的……并向事故发生地的县级以上地方人民政府或者环境保护主管部门报告。"

（3）《固体废物污染环境防治法》第八十六条规定："因发生事故或者其他突发性事件，造成危险废物严重污染环境的单位，应当立即采取有效措施消除或者减轻对环境的污染危害，及时通报可能受到污染危害的单位和居民，并向所在地生态环境主管部门和有关部门报告，接受调查处理。"

（4）《危险化学品安全管理条例》第五十一条规定："发生危险化学品事故，事故单位主要负责人……并立即报告当地负责危险化学品安全监督管理综合工作的部门和公安、环境保护、质检部门。"

（5）《突发环境事件应急管理办法》第二十三条规定："企业事业单位造成或者可能造成突发环境事件时……及时通报可能受到危害的单位和居民，并向事发地县级以上环境保护主管部门报告。"

（6）《国家突发环境事件应急预案》3.3 信息报告与通报："突发环境事件发生后，涉事企业事业单位或其他生产经营者必须采取应对措施，并立即向当地环境保护主管部门和相关部门报告，同时通报可能受到污染危害的单位和居民。"

（八）协助并接受调查处理

在发生突发环境事件时，企业事业单位应当协助并接受调查处理。

主要法律依据如下：

（1）《固体废物污染环境防治法》第八十六条规定：“因发生事故或者其他突发性事件，造成危险废物严重污染环境的单位，应当立即采取有效措施消除或者减轻对环境的污染危害，及时通报可能受到污染危害的单位和居民，并向所在地生态环境主管部门和有关部门报告，接受调查处理。”

（2）《突发环境事件应急管理办法》第二十三条规定：“企业事业单位造成或者可能造成突发环境事件时……接受调查处理。”

（3）《突发环境事件调查处理办法》（环境保护部令　第32号）第八条规定：“突发环境事件发生单位的负责人和有关人员在调查期间应当依法配合调查工作，接受调查组的询问，并如实提供相关文件、资料、数据、记录等。”

（九）承担损害赔偿责任

企事业单位是环境安全的责任主体，对所造成的损害依法承担责任。

主要法律依据如下：

（1）《环境保护法》第六条规定：“企业事业单位和其他生产经营者应当防止、减少环境污染和生态破坏，对所造成的损害依法承担责任。”

（2）《水污染防治法》第九十四条第一款规定：“企业事业单位违反本法规定，造成水污染事故的，除依法承担赔偿责任外，由县级以上人民政府环境保护主管部门依照本条第二款的规定处以罚款，责令限期采取治理措施，消除污染；未按照要求采取治理措施或者不具备治理能力的，由环境保护主管部门指定有治理能力的单位代为治理，所需费用由违法者承担；对造成重大或者特大水污染事故的，还可以报经有批准权的人民政府批准，责令关闭；对直接负责的主管人员和其他直接责任人员可以处上一年度从本单位取得的收入百分之五十以下的罚款；有《中华人民共和国环境保护法》第六十三条规定的违法排放水污染物等行为之一，尚不构成犯罪的，由公安机关对直接负责的主管人员和其他直接责任人员处十日以上十五日以下的拘留；情节较轻的，处五日以上十日以下的拘留。”

《水污染防治法》第八十五条规定：“因水污染受到损害的当事人，有权要求排污方排除危害和赔偿损失。由于不可抗力造成水污染损害的，排污方不承担赔偿责任；法律另有规定的除外。水污染损害是由受害人故意造成的，排污方不承担赔偿责任。水污染损害是由受害人重大过失造成的，可以减轻排污方的赔偿责任。水污染损害是由第三人造成的，排污方承担赔偿责任后，有权向第三人追偿。”

（3）《固体废物污染环境防治法》第一百二十一条规定：“固体废物污染环境、破坏生态损害国家利益、社会公共利益的，有关机关和组织可以依照《中华人民共和国环境保护法》、《中华人民共和国民事诉讼法》、《中华人民共和国行政诉讼法》等法律的规定向人民法院提起诉讼。

《固体废物污染环境防治法》第一百二十二条第一款规定：“固体废物污染环境、破坏生态给国家造成重大损失的，由设区的市级以上地方人民政府或者其指定的部门、机构组织与造成环境污染和生态破坏的单位和其他生产经营者进行磋商，要求其承担损害赔偿责任；磋商未达成一致的，可以向人民法院提起诉讼。”

《固体废物污染环境防治法》第一百二十三条规定：“违反本法规定，构成违反治安管理行为的，由公安机关依法给予治安管理处罚；构成犯罪的，依法追究刑事责任；造成人身、财产损害的，依法承担民事责任。”

（4）《危险化学品安全管理条例》第九十四条规定：“危险化学品单位发生危险化学品事故，造成他人人身伤害或者财产损失的，依法承担赔偿责任。”

《固体废物污染环境防治法》第一百二十二条第一款规定：“固体废物污染环境、破坏生态给国家造成重大损失的，由设区的市级以上地方人民政府或者其指定的部门、机构组织与造成环境污染和生态破坏的单位和其他生产经营者进行磋商，要求其承担损害赔偿责任；磋商未达成一致的，可以向人民法院提起诉讼。”

《固体废物污染环境防治法》第一百二十三条规定：“违反本法规定，构成违反治安管理行为的，由公安机关依法给予治安管理处罚；构成犯罪的，依法追究刑事责任；造成人身、财产损害的，依法承担民事责任。”

（5）《突发环境事件应急管理办法》第六条第二款规定：“发生或者可能发生突发环境事件时，企业事业单位应当依法进行处理，并对所造成的损害承担责任。”

（十）信息公开

企事业单位应当按照有关法律法规的规定，选择方便、合适的方式公开相关环境应急信息。

主要法律依据如下：

（1）《突发环境事件应急管理办法》第三十四条规定：“企业事业单位应当按照有关规定，采取便于公众知晓和查询的方式公开本单位环境风险防范工作开展情况、突发环境事件应急预案及演练情况、突发环境事件发生及处置情况，以及落实整改要求情况等环境信息。”

（2）《企业事业单位突发环境事件应急预案备案管理办法（试

行）》（环发〔2015〕4 号）第七条规定："企业应当主动公开与周边可能受影响的居民、单位、区域环境等密切相关的环境应急预案信息。"

三、如何应对重污染天气？

（一）重污染天气应对的基本要求

《大气污染防治法》第九十四条规定："县级以上地方人民政府应当将重污染天气应对纳入突发事件应急管理体系。省、自治区、直辖市、设区的市人民政府以及可能发生重污染天气的县级人民政府，应当制定重污染天气应急预案，向上一级人民政府环境保护主管部门备案，并向社会公布。"

《大气污染防治法》第九十六条规定："县级以上地方人民政府应当依据重污染天气的预警等级，及时启动应急预案，根据应急需要可以采取责令有关企业停产或者限产、限制部分机动车行驶、禁止燃放烟花爆竹、停止工地土石方作业和建筑物拆除施工、停止露天烧烤、停止幼儿园和学校组织的户外活动、组织开展人工影响天气作业等应急措施。"

根据上述要求，可能发生大气重污染的县级及以上城市人民政府应制定城市大气重污染专项应急预案。当发生重污染天气时，根据预警或响应等级，政府应及时启动应急预案，根据应急需要采取相应的污染减排措施，其中与企业相关的主要是控制污染工序生产，实施停产、限产、减排、限排、提高大气污染物处理效率等措施。需要注意的是，《大气污染防治法》第九十六条规定的应急措施都是临时性的，当重污染天气结束后，则应解除应急措施。[①]

① 张荣顺，潘岳.《中华人民共和国大气污染防治法》释义.北京：中国民主法制出版社，2015:215.

一般情况下，重污染天气应对以政府为主，企业主要是在政府大气重污染应急预案启动后，按照应急预案要求落实相应污染减排措施。为落实好城市重污染天气应急预案的要求，提高企业重污染天气应急措施的科学性和可操作性，实现企业操作方案与政府预案的有效衔接，确保在重污染天气期间实现应急减排目标，企业应根据政府大气重污染应急预案，制定企业重污染天气应急预案，明确大气重污染期间，企业应实施减排、限排、提高大气污染物处理效率等措施。

（二）拒不执行重污染天气应急措施的法律风险

《大气污染防治法》第一百二十一条第二款规定，违反本法规定，拒不执行停止工地土石方作业或者建筑物拆除施工等重污染天气应急措施的，由县级以上地方人民政府确定的监督管理部门处一万元以上十万元以下的罚款。

曾经有人给原环境保护部“部长信箱”去信称：在日常执法中发现个别企业拒不执行重污染天气应急响应措施，在法律适用中存在意见分歧，主要有以下两种：①依据《中华人民共和国大气污染防治法》第九十九条第二项（超标或超总量排污）的规定进行处罚（该条款在实际操作时，排污量不容易界定）。②依据《中华人民共和国大气污染防治法》第一百二十一条第二款（拒不执行重污染天气应急措施）的规定进行处罚（该条款没有明确执法主体，而且没有自由裁量，同时该条款中所表述的“拒不执行停止工地土石方作业或者建筑物拆除施工等重污染天气应急措施的”中是否适用于执行停产措施的工业企业）。为慎重执法，拒不执行重污染天气应急响应措施究竟适用哪个条款予以处罚，望给予解疑答复。 原环境保护部部长信箱于2018年1月24日回复道：①关于企业拒不执行重污染天气应急响应措施适用法律条款问题。对个别企业拒不执行重污染天气应急响应措施采取行政处罚措施，均不适用《中华人民共和国大气污染防治法》第九十九条第二款和第一百二十一条第二款规定。第一百二十一条第二款规定“违反本法规定，拒不执行停止工地土石方作业或者建筑物拆除施工等重污染天气应急措施的，由县级以上地方人民政府确定的监督管理部门处一万元以上十万元以下的罚款”。此条款中的“等”字作等内理解，即只适用于“拒不执行停止工地土石方作业或者建筑物拆除施工”。违反第九十六条第一款规定的其他违法行为，可依据《中华人民共和国大气污染防治法》其他条款实施处罚。②关于企业拒不执行重污染天气应急响应措施可依法对其采取行政强制措施。《中华人民共和国大气污染防治法》第三十条对企业违法排污行为执行强制性措施作了规定，即“企业事业单位和其他生产经营者违反法律法规规定排放大气污染物，造成或者可能造成严重大气污染，或者有关证据可能灭失或者被隐匿的，县级以上人民政府环境保护主管部门和其他负有大气环境保护监督管理职责的部门，可以对有关设施、设备、物品采取查封、扣押等行政强制措施。”县级以上地方人民政府启动重污染天气应急响应，责令有关企业停产或者限产，是依据《中华人民共和国大气污染防治法》第九十六条第一款实施。拒不执行应急措施，包括企业拒不执行停产或者限产应急措施，属于违反《中华人民共和国大气污染防治法》的行为，可按照《中华人民共和国大气污染防治法》第三十条规定实施查封、扣押。[①]

实践中，对拒不执行重污染天气应急措施的违法行为采取过行政拘留的手段，予以行政拘留的依据是《治安管理处罚法》第五十条第一项的规定，即拒不执行人民政府在紧急状态情况下依法发布

---

① 具体参见生态环境部网站：http://www.mep.gov.cn/hdjl/gzgq/hfhz/201801/t20180124_430247.shtml?COLLCC=2401059978&，2020年7月7日访问。

的决定、命令的，处警告或者200元以下罚款；情节严重的，处5日以上10日以下拘留，可以并处500元以下罚款。构成拒不执行人民政府在紧急状态情况下依法发布的决定、命令的行为，在客观方面需具备以下两个条件：第一，采取了拒不执行的行为方式。拒不执行，是指在紧急状态情况下明知人民政府依法发布的决定、命令的内容，而执意不履行其法定义务的行为，既包括作为方式，也包括不作为方式。一般主要表现为经劝说、警告或者处罚后仍不履行法定义务的行为。第二，拒不执行的是人民政府在紧急状态情况下依法发布的决定、命令。如果行为人拒不执行的决定、命令不是人民政府在紧急状态情况下依法发布的，而是在一般情况下发布的，则不构成本行为。《突发事件应对法》第六十九条规定："发生特别重大突发事件，对人民生命财产安全、国家安全、公共安全、环境安全或者社会秩序构成重大威胁，采取本法和其他有关法律、法规、规章规定的应急处置措施不能消除或者有效控制、减轻其严重社会危害，需要进入紧急状态的，由全国人民代表大会常务委员会或者国务院依照宪法和其他有关法律规定的权限和程序决定。紧急状态期间采取的非常措施，依照有关法律规定执行或者由全国人民代表大会常务委员会另行规定。"2004年3月，第十届全国人民代表大会第二次会议通过的《宪法》修正案规定，全国人民代表大会常务委员会决定全国或者个别省、自治区、直辖市进入紧急状态；中华人民共和国主席根据全国人民代表大会常务委员会的决定，宣布进入紧急状态；国务院依照法律规定决定省、自治区、直辖市的范围内部分地区进入紧急状态。如何在紧急状态期间始终坚持依法办事的原则，是衡量一个社会法治化水平的标志。由此可见，重污染天气应急措施和紧急状态是完全不同的。所以，对拒不执行重污染天气应急措施的，不能予以行政拘留。

对拒不执行重污染天气应急措施的，不能予以行政拘留。